학생을 깨우는 교사
세상을 바꾸는 학생

- 비에스타 교수와의 대화

김현수, 김원석, 강다윤, 구본희, 구소희,
김진혁, 정현숙, 조현서, 거트 비에스타 지음

 별빛책방

목차

프롤로그   4

1부 비에스타의 이해

무엇을 위한 교육인가?   8
- 김 원 석

민주시민교육을 위한 시민, 교육, 학교의 역할과 내용   28
- 비에스타의 민주시민 교육포럼을 정리하면서 - 김 현 수

2부 비에스타와 교사들과의 만남

가르침의 재발견을 통한 교육철학의 중요성   60
- 강 다 윤 (광명 광일초 교사)

비에스타가 말한 좋은 교육과 우리의 현실   72
- 정 현 숙 (대구 대실초 교사)

교사 주도성과 교사의 신념   82
- 구 본 희 (서울 관악중 교사)

교육회복을 위한 철학 탐색 -
코로나 시대의 좋은 교육이란 무엇인가?　　　　　96
- 구 소 희 (인천 삼산초 교사)

교사는 어떻게 용기를 낼 수 있는가?　　　　　114
- 김 진 혁 (전남 장동초 교사)

3부 비에스타와의 대화

비에스타의 강의:
팬데믹 이후의 교육 - 방향 감각을 찾아서　　　　128

교사들의 6가지 질문　　　　　154

거트 비에스타 교수와 한국 교사들과의 대화
- 1부 : 김원석 선생님과의 대화　　　　　160
- 2부 : 관계의 심리학을 연구하는 교사단
　　　(이하, 관심단) 교사들과의 대화　　　　　170

에필로그　　　　　198

프롤로그

학생을 깨우는 교사,
세계를 바꾸는 학생을 향하여

코로나 이후 학교 현장은 여러 차원에서 혼란스러운 상태입니다. 아동학대, 학교폭력, 기초학력, 인공지능, 국제 바칼로레아 등등 새로운 현장 아젠다들은 교사, 학생 그리고 학교 현장의 여러 사람들에게 고민과 피로를 안겨주고 있습니다. 비에스타가 말하듯이 방향 감각을 잃기가 딱 좋은 시대입니다.

OECD의 많은 국가들은 학생과 교사들의 정신 건강의 회복과 안녕에 초점을 맞춘 연구와 지원이 많은 반면, 우리는 여전히 입시제도와 학력에만 초점을 맞추면서 국제적으로 고립된 정책을 펼치지 않나 큰 우려가 앞섭니다. 한국의 아동, 청소년들은 코로나 3년으로부터 아무 상처도 받지 않은 것마냥 지내고 있습니다. 지금 일어나는 많은 일들은 코로나 3년이 준 상처를 보듬거나 치유하지 않은 채로 무조건 앞으로 나가려고 하니까 일어나는 불행한 일들이 아닐까 생각해보기도 합니다. 그 결과로 학생들에게 우울, 자살, 부등교 등이 증가하는 것이 아닌가도 생각합니다.

시간이 갈수록 온갖 모순이 더 중첩되는 교육과 학교 현장에서 우리가 가져야 할 희망은 무엇일까요?

비에스타는 교사들이 학생을 깨우는 일, 가르침의 핵심을 바로 세울 때, 희망이 생길 수 있다고 이 강의와 대화에서 말합니다.

코로나가 가져온 현실에 대한 아주 중요한 대화의 화두를 크게 3가지로 제시하고 있다고 생각됩니다.

첫째는 세계와 우리의 관계로서 우리가 파괴한 세계가 결국 우리를 파괴하는 팬데믹 현상을 가져오므로, 우리와 세계와의 관계 회복이 중요한 화두이지 않을까 제안합니다.

둘째는 코로나로 인해 단절된 관계 또는 중독된 관계가 우리의 정신 건강에 미치는 현실을 매일 겪고 있습니다. 코로나로 인한 관계의 상처를 치유하는 것을 제안합니다.

셋째는 코로나 시기 원격 수업을 중심으로 가르침의 본질에 대한 사회적 논의가 시작되었습니다. 그래서 가르침의 핵심은 무엇인지를 함께 토론하는 것이 중요하다고 제안합니다.

교육 현장은 지금 교육 불가능 시대의 한복판으로 들어가는 것처럼 힘들기 그지없습니다. 비에스타는 중심을 잡는 일 자체가 어려운 이 시기에 방향 감각, 가르침의 핵심에 대한 화두를 우리에게 가리키고 있습니다.

이 책은 관계의 심리학을 연구하는 교사단의 선생님들 중에서 비에스타 공부를 자발적으로 하기로 한 선생님들이 모여서 학습하고 발표한 내용들을 정리한 것입니다. 그리고 관심단 선생님들과 비에스타를 먼저 공부하고, 질문을 모았으며, 그 후에 강의를 듣고, 질문과 함께 대화하는 구성으로 짜여 있습니다.

한국 교사들의 초대에 기꺼이 응해준 거트 비에스타 교수님께 감사드리며, 중간에 이론적 도움과 지원을 크게 해주신 김원석 비서관님께도 감사를 드립니다. 비에스타와의 연결에 큰 힘이 되어주신 조현서 선생님께도 깊이 감사드리고, 강다윤, 구본희, 구소희, 김진혁, 정현숙 선생님께도 깊이 감사드립니다. 그리고 이 책의 발행에 함께 해주신 많은 분들에게 감사드립니다.

2023. 6. 26

김 현 수

(성장학교 별 교장, 명지병원 정신건강의학과 임상교수)

* 이 책자는 2022년 2월 18일 비에스타 교수를 모시고 온라인으로 개최되었던 세미나의 주요 내용과 저자들의 사전, 사후 세미나를 정리해서 발간하는 책자입니다.

1부 비에스타의 이해

무엇을 위한 교육인가?
- 김 원 석

민주시민교육을 위한 시민, 교육, 학교의 역할과 내용
- 비에스타의 민주시민 교육포럼을 정리하면서 - 김 현 수

무엇을 위한 교육인가?

-교육의 본질에 관한 거트 비에스타의 질문-

김원석

(국회 선임비서관)

1. 들어가며

어느 한 사람의 생각을 본인도 아닌 다른 이가 소개한다는 것은 결코 쉬운 일이 아니다. 그 사람의 생각 구석구석에 무수히 많은 맥락과 경험들이 스며들어 있기 때문이다. 나에게도 여전히 낯선 그리고 아마 많은 한국의 교육자들에게도 낯설 거트 비에스타(Gert J.J. Biesta)라는 학자에 대한 소개를 덜컥 하겠다고 자처한 나 자신을 원망하고 있는 이유이다. 그래도 일단 하기로 한 이상 나는 약간의 우회로를 택하며 이 난관을 헤쳐 나가고자 한다. 바로 지극히 나를 중심으로 그러니까 내가 그를 어떤 계기로 만났고 나는 그를 어떻게 이해하고 있는지 밝히는 것이다.

내가 그의 생각과 글에 관심을 갖게 된 두 가지 계기가 있다. 첫 번째 계기는 학위논문을 준비하던 때였다. 당시 나는 잔뜩

쌓인 자료들 특히 각종 통계 자료와 연구물들을 보며 어떤 공허함을 느끼고 있었다. 더 정확히 말하면 우리의 교육 현실이나 연구들이 데이터가 없거나 부족해서 문제인지 아니면 각종 데이터를 이끌고 꿰어낼 철학이나 관점이 부족해서 문제인지 고민하게 되었다. 물론 양자택일할 사안도 아니고 나는 여전히 우리 교육계에는 '필요한 데이터'가 턱없이 부족하다고도 생각한다. 그러나 당시도 지금도 나는 교육철학이나 관점에 대한 지나친 무관심이 데이터의 부재만큼 혹은 그 이상으로 더 중요한 문제가 아닐까 생각하고 있었다. 하지만 이러한 문제의식은 온갖 양적 데이터로 무장한 '증거 기반' 정책과 연구가 유행처럼 쏟아지던 상황 속에서 또 교육철학이나 관점을 이야기하는 것은 '불필요'하게 '이론적'이거나 '이상적'이라는 시선들을 적잖이 느끼던 상황 속에서 내 머릿속 어느 한 귀퉁이에 자리만 차지하고 있을 뿐이었다.

그러던 차에 「왜 현실에서 작동해야 할 것들은 여전히 작동하지 않을까: 증거 기반 교육에서 가치 기반 교육으로」라는 제목을 단 비에스타의 글을 접하게 되었다[1]. 다들 '증거 기반 교육' 혹은 '증거 기반 정책'들을 찾느라 혈안이었는데 그게 그렇게 기대한 대로 작동하지 않을 거라며 '유효기간'이 지났을 것 같은 가치 기반 교육을 다시 호명하니 적어도 내 호기심을 사로잡기

---

[1] 이하 증거 기반 교육에 대한 설명은 Biesta G.J.J., 2010, Why 'What Works' Still Won't Work: From Evidence-based Education to Value-Based Education, Studies in Philosophy and edcuation, Vol.29, pp.491-503 참고.

에는 충분했다. 제목만이 아닌 내용도 매우 흥미로웠다. 이 글에서 비에스타는 우리가 흔히 증거 기반 교육 혹은 정책이라고 할 때 '증거'는 단순히 '참된 지식'이나 '사실'을 의미한다기보다는 현실에서 특정한 방식으로 작동하길 바라는 기대 속에 구축된 과학적 지식을 의미한다며 논의를 시작한다. 그런데 이러한 증거 기반 교육이나 정책이 기대처럼 작동하거나 효과를 발휘하기 어려운데 왜냐하면 무엇보다 그것이 어디까지나 행위와 결과 사이의 단순한 인과적 가능성만을 따지기 때문이다. 그러나 교육은 이러한 단순한 인과적 가능성만으로 그것의 효과성이나 효율성을 따지기에는 지나치게 복잡한 활동이다. 요약해 말하면, 교육은 '열린 세계'(open world)에서, 특정한 '방향성'(direction)을 갖고, 의지적인 '상호개입'(intervention) 혹은 '상호작용'(interaction)을 통해, 끊임없이 자신과 세계를 '변화'(ever-evolving)시켜나가는, 대단히 '복잡한'(complex) 활동이다. 따라서 그러한 교육활동의 복잡성을 단순한 인과적 가능성으로 축소시키는 방식(complexity reduction)으로 이해하거나 그러한 관점으로 정책을 수립하고 적용하는 데는 한계가 있다는 것이다.

증거 기반 교육이나 정책의 효용을 완전히 부인하는 것은 아니지만 비에스타는 대신 교육이 특정한 가치나 규범적 지향 아래 다양한 실천들이 접합되고 구성되는 "목적론적 성격"(teleological character)을 지닌다고 강조한다. 그래서 비에스타가 생각하기에 무엇이, 얼마나 효과적으로 작동하는지 묻기 전에 무엇이 교육적으로 바람직한 것인지, 교육은 무엇을 위한 것인지 매우 근본적인 질문을 계속 던져야 한다. 이러한 비에스타의 주장은 '증거의 홍수' 속에서 '더 많은 증거', '더 명확한 증거'만을 찾아 헤매던 나에게 무엇을 위해, 어떤 교육을 위해 나는 증거가 필요한 것인가에 대한 진지한 고민 없이는 그 많은 증거에도 불구하고 갖게 되는 불안을 떨칠 수 없음을 깨닫게 해주었다.

내가 비에스타에 관심을 갖게 된 두 번째 계기는 교육이 '넘쳐나는' 현실에 대한 반가움과 동시에 뭔가 모를 불편함을 느끼던 때 찾아왔다. 한창 요람에서 무덤까지, 가정에서 직장까지 삶의 전 과정과 영역에서 무슨 무슨 교육이 필요하다는 이야기가 넘쳐났다. 한편에서는 우리 삶에서 교육이 얼마나 중요하고 필요한지 정말 배울 것들이 얼마나 많은지 보여주는 것 같아 내심 반갑기도(?) 했다. 그러나 다른 한편에서는 무언가 억울한 마음과 의아한 마음도 동시에 들었는데 그것은 무슨 문제가 있을 때마다 혹은 (개인적이든 사회적이든) 무슨 커다란 변화가 있을 때마다 그것이 자꾸 나 자신의 배움 문제로만 국한되는 것 같았기 때문이다. 또 교육이라는 것이 자꾸 이런 각종 배움 프로그램들로만 가득 차는 것 같은데 이게 바람직한 것인가라는 고민이 들기 시작하였다.

그런데 때마침 그때 비에스타의 "교육의 학습화"(learnification

of education)라는 개념을 접하고 나의 불편함을 설명할 언어를 얻게 되었다. 비에스타는 교육이라는 개념은 교육을 하는 사람, 교육을 받는 사람, 그리고 교육의 매개물이 전제된 언제나 관계적인(relational) 개념이라고 설명한다. 그러나 학습은 설령 그것이 집단적 차원에서 이루어진다고 해도 '개인'들의 학습 '활동'에 초점을 맞춘 지극히 "개인적"(individualistic)이고 또 "과정적인"(process) 개념이다. 물론 학습이 그 자체로 문제적이기만 한 것은 아니지만 학습이라는 단어를 교육의 목적 등과 연관시키지 않고 이렇게 개인과 활동에만 초점을 맞추는 식으로 "공허하게 사용하는 것"(empty use of the word learning)은 문제적이라는 것이다[2].

이 두 가지 계기로 만난 비에스타의 글과 생각들은 우리 주변에서 접하게 되는 숱한 교육담론과 교육방법들 틈 속에서 잊혀진 그러나 너무도 중요한 질문을 떠올리게 한다. 그것은 바로 "교육은 무엇을 위한 것인가?"(What is education for?)라는 질문이다. 지금 우리가 행하고 있는 교육의 목적이 무엇인지 그리고 그러한 목적을 달성하기 위한 교육은 어떻게 이루어져야 하는 것인지에 대해 우리는 얼마나 치열하게 고민하고 있을까? 비에스타는 자신의 여러 저작들 속에서 다양한 교육 주제와 영역들을 이 근본적 질문 속에서 재위치시킨다.

---

[2] Biesta G.J.J., 2010, Good Education in an Age of Measurement: Ethics, Politics, Democracy, Paradigm Publishers, pp.15-19.

2. 비에스타의 교육론 (1): 주체화로서 교육

2.1. 교육의 세 가지 기능과 '주체화'로서 교육

'교육은 무엇을 위해 존재하는가?'라는 질문에 비에스타는 교육의 주요한 세 가지 기능(자격화, 사회화, 주체화)을 되짚어 보며 답을 찾는다[3]. 먼저 '자격화'(qualification) 기능. 우리 인간은 개인적, 직업적, 사회적 영역에서 다양한 활동을 통해 삶을 영위해 나가는데 이에 필요한 지식이나 기술을 제공하는 것이 교육의 가장 기본적인 기능이라고 비에스타는 말한다. 여러 활동 가운데서도 특히 경제적, 직업적 활동을 하기 위해 필요한 자격과 역량을 갖추도록 하는 것은 교육의 주요한 기능 가운데 하나이다. 이는 개인적으로뿐만 아니라 국가적으로도 매우 중요한데, 개인과 국가 간의 무한한 경쟁을 기반으로 작동하는 신자유주의 사회에서 생존을 위한 다양한 역량과 자격을 갖춘 '인적자본' 양성은 매우 중요한 국가적 과제로 설정된다.

교육의 두 번째 기능은 바로 '사회화'(socialisation) 기능이다. 어느 사회이건 새롭게 태어난 이들 혹은 유입된 이들이 기존 사회의 사회적, 문화적, 정치적 질서를 자연스럽게 익히고 그럼으로써 기존 사회에 자연스럽게 편입되어 가도록 만드는 일이 필

---

[3] 주체화로서 교육에 관한 내용은 Biesta G.J.J., 2010, Good Education in an Age of Measurement: Ethics, Politics, Democracy, Paradigm Publishers 참고.

요하다. 이를 통해 한 사회는 비로소 지속·유지될 수 있는데 학교는 오래전부터 이러한 사회화 기능을 수행하는 대표적인 기관이었다. 새롭게 이 사회에 등장한 아이들은 학교교육을 통해 사회 속에서 널리 통용되어 온 지식, 관습, 문화 등을 익히며 사회로 나아갈 준비를 한다. 물론 이러한 과정은 명시적으로 이루어질 뿐만 아니라, 비명시적으로도 그러니까 학교나 가정 등에서 칭찬을 받는 말투나 행동의 강화 등을 통해 은연중에 이루어지기도 한다. 교육학에서는 후자를 숨겨진 교육과정(hidden curriculum)이라고도 한다.

교육의 이 두 가지 기능은 그간 우리 교육이 애써 추구해온 것들이라고 해도 과언이 아니다. 오래도록 학교교육은 학생들이 사회로 '부드럽게' 편입할 수 있도록 기성의 지식이나 질서를 가르치는데 방점이 찍혀있었다. 때론 '국민교육헌장'이 보여주듯 보다 노골적으로 국가의 필요에 따라 기존의 정치·사회적 질서를 강화하고 재생산하기 위한 수단으로 기능하기도 했다. 또한 IMF 경제위기 이후 신자유주의라는 거센 사회경제적 변화의 물결 속에서 교육은 철저히 자격화의 기능에 복무해왔다. 교육인적자원부라는 명칭은 경제적 쓸모를 갖춘 인재 양성 즉 교육 자격화의 기능을 가장 단적으로 보여주었다.

그런데 비에스타는 교육의 이 두 가지 기능 외에 어쩌면 그동안 우리 교육이 외면했던 다른 교육 기능 하나를 특별히 강조한다.

그것은 바로 '주체화'(subjectification) 기능이다. 앞서 소개한 자격화나 사회화 기능이 어떻게 보면 교육을 통해 개인을 국가적, 사회적, 경제적 틀 속에 끼워 넣는 것이라고 한다면 주체화 기능은 그 틀에 끼워 맞춰지지 않는 개인의 고유함을 위한 교육에 관한 것이다. 개인의 고유함이라고 하면 아마 혹자는 비교적 최근에 들어 제기되고 있는 학습자 중심 교육담론을 떠올릴 수도 있다. 하지만 이 주체화로서 교육은 비단 개별 교육 주체로서 학습자의 개성이나 특성을 고려한 교육 정도를 의미하는 것이 아니다. 교육의 주체화라고 할 때 그것은 학습자라는 선험적 주체에 강조점이 놓여 있기보다는 사회 속에서 개인이 자신의 고유함을 발견하고 실현하며 그럼으로써 주체로 거듭나게 하는 교육의 역할에 좀 더 초점이 맞추어져 있다.

좀 더 자세히 살펴보자. 주체화로서 교육이라고 할 때 그것은 이미 결정되어진 주체를 상정하고, 그 주체가 지니고 있는 속성(혹은 정체성)을 강화하고, 그 주체가 필요로 하는 것들을 가져다주고 충족시키는 그런 교육을 의미하지 않는다. 주체가 아니라 주체'화'라는 사실 즉 교육을 통해 주체가 '되는' 과정을 파악하는 것이 중요한데, 비에스타는 특히 교육을 통해 우리가 다른 세계와 만나며 유일무이한 존재가 되어가는 과정에 주목한다.

주체화로서 교육의 의미를 온전히 이해하기 위해서는 비에스타가 자주 인용하고 있는 한나 아렌트의 논의를 조금 이해할 필요가 있다. 아렌트는 자신의 저서 『인간의 조건』에서 인간은 노동, 작업, 행위라는 세 가지의 근본 활동을 통해 삶을 유지해 간다고 주장한다. 노동은 생물학적 삶을 가능케 하는 활동을 의미하며, 작업은 인간이 사물과 관계 맺으며 인공적인 세계를 구성하고 제작하는 활동이다. 마지막으로 행위는 인간 고유의 활동이라고 할 수 있는데 바로 복수의 인간들이 서로 말과 행동을 주고받으며 서로의 차이를 확인하고 드러내고 또 때에 따라서는 그 차이 속에서 공동의 것을 만들어내며 새롭게 '출현'하는 활동이다.

비에스타는 아렌트의 인간 고유의 활동으로서 '행위'에 대한 설명을 이어 받아 그것을 교육의 주체화 기능과 연결시킨다. 그에 따르면 교육은 우리로 하여금 자기와는 완전히 다른 낯선 타자 혹은 세계와의 만남을 통해 그 속에서 다양한 차이를 발견하고 경험토록 하는 것이다. 그리고 그러한 차이의 경험 및 발현 과정에서 우리는 기존의 사회적, 문화적 질서나 경제적 가치 등으로 환원될 수 없는 자신의 고유함을 발견하게 된다. 이런 의미에서 아렌트의 표현을 빌려 말하면 교육은 출생이라는 '제1의 탄생'에 뒤이어 '제2의 탄생'을 가능케 하는 것이다. 따라서 교육은 사회화나 자격화의 기능이 그러하듯 기존의 정해진 것들을 확인하고, 학습하고, 강화하며 사회경제적 환경 속에서 자신의 자리를 찾기만 하는 것이 아니라 끝없는 차이들이 도사리고 있는 복수의 인간 세계로 들어가 그 속에서 자신의 고유함을 발견하고 드러내는 주체화의 기능을 수행한다.

그런데 여기서 한 가지 중요한 것은 이러한 교육은 확실성보다는 불확실성에, 안정성보다는 위험성에 기반해 있다는 사실이다. 타자나 세계와의 만남은 어떤 결과도 보증할 수 없는 불확실성이 지배하는 활동이고 때로는 자신의 세계를 무너뜨리고 다시 세우는 매우 험난한 과정이 될 수도 있다. 그런데 비에스타는 바로 이러한 위험스러운 과정을 거쳐야만 비로소 사회적 틀에 갇히지 않은 고유한 주체로서 자신을 발견할 수 있고 그러나 동시에 다른 사람이나 사회를 파괴하지 않는 조화로운 주체적인 행위를 해나갈 수 있게 된다고 이해한다. 따라서 이러한 위험은 피해야 할 것이 아니라 오히려 대면하고 감수해야 하는 "아름다운 위험"(beautiful risk)이며, 오히려 위험 없는 교육이야말로 진짜로 위험한 것이다[4].

2.2. 주체화로서 교육과 가르침의 의미[5]

그렇다면 주체화로서 교육이라고 할 때 가르친다는 것은 어떤 의미를 가지는가? 주체적 행위로서 교육에 있어 가르침은 불필요한 것인가? 물론 그렇지 않다. 얼마 전 비에스타를 초청하여 진행된 비공개 세미나에서 이에 대한 설명이 있었다. 이때도 비에스타는 다시 가르침의 본질부터 시작한다. 그에 따르면 가장

---

[4] Biesta G.J.J., 2013, The Beautiful Risk of Education, Routledge.
[5] 이 절의 내용은 2022년 2월 18일 비에스타와 한국의 교사들이 함께 진행한 온라인 국제 컨퍼런스 강연내용을 바탕으로 작성된 것이다.

기본적인 그리고 고대로부터 지금까지 여전히 유효한 교육의 형태는 바로 가리킴(pointing)이다. 우리는 누군가에게 이것, 저것을 보라고 가리킴으로써 가르침(teaching)을 시작한다. 실제로 예나 지금이나 변함없이 학교 공간의 구조는 모두 이 가리킴의 효과가 극대화되도록 만들어져 있다.

그런데 여기서 중요한 것은 가리킴 그 자체가 아니다. 보다 중요한 것은 가리킴의 목적이 '누군가의 시선 전환'(re/directing someone's gaze)에 있다는 것을 아는 것이다. 즉, 우리는 언제나 무언가를 가리킬 때 반드시 누군가(someone)를 경유하게 되는데, 누군가로 하여금 무언가 새로운 경계를 설정하거나 새로운 무언가를 바라보게 하는 것 그것이 가르침인 셈이다.

이런 면에서 보자면 교육은 가르치는 사람과 가르침을 받는 사람이라는 '이중구조'(dyadic structure)가 아닌 가르치는 사람, 가르침을 받는 사람, 가르침의 매개물이라는 '삼중구조'(triadic structure)를 갖는다고 할 수 있다. 이중구조의 교육에서 교육은 매우 난처한 입장에 종종 처하게 되는데 교사는 권위적 인물(authority figure)이 되거나, 강압적인 교육이 일어나거나, 아니면 단순히 이미 일어난 일을 전달하고 알게 하는 (부정적 의미의) '촉진자'(facilitator of learning)가 되기도 한다.

반면에 삼중 구조의 교육에서는 아이들이 교육의 매개물을 통해 자신 스스로, 자기 자신에 대해 고민하고 변화할 수 있도록 하는 교육이 중요해진다. 여기서 중요한 것 혹은 권위를 갖는 것은 교사나 학생이 아닌 그 매개물이다. 교사나 학생의 배움이나 변화의 의지는 그 매개물을 중심으로 발현된다. 더하여 이 삼중 구조의 교육에서는 배움(learning)이 가르침(teaching)과 무관하게 일어날 수 있다는 것을 인식하는 것이 중요하다. 우리(교사)가 지켜보고 확신할 수 있는 것은 배움 그 자체가 아닌 아이들의 시선/관심의 전환 그리고 그로 인한 변화이다.

이런 점에서 교육을 완벽히 만들거나 교육 문제를 완전히 해결하겠다는 식의 약속들은 사실 학생의 자리를 지우는 일이다. 우리가 할 일은 다양한 매개물을 통해 아이들이 세계와 자신에 대한 민감성을 높이고, 그 속에서 변화가 발생할 수 있도록 아이들을 초대하는 것이다. 언제나 교육을 통해 배우며 하나의 주체로 성장하는 것은 자기 자신이다. 이는 다른 누가 대신해 줄 수 있는 것이 아니다.

그렇다면 주체적인 교육 혹은 주체화를 위한 교육의 방법에는 무엇이 있을까? 두 가지 방향이 있을 수 있는데 하나는 아이들이 세계에 다가가도록 하는 것이다(from self to world). 세계에 대한 이해, 세계 속 삶에 필요한 다양한 기술(skills)이나 역량(capacities)을 갖추도록 하는 것이다. 그런데 이러한 접근은 교육을 그리고 배움을 배우는 자가 지녀야 할 어떤 '속성'들로 바라보는 것이기도 하다. 그러나 정반대의 길도 존재하는데 바로 세계가 아이들에게 다가가도록 하는 것이다(from world to self). 쉽게 말하면 이것 혹은 저것이 자신에게 어떤 의미인가를 묻도록 하는 것이다(what is this asking of me?). 아이들이 세계와 현실에 관심을 갖고 그것을 자신에 대한 질문으로 소화토록 하는 것이다. 이런 맥락에서 교사로서 우리는 때론 가르침을 멈춰야만 할 때도 있다. 더 많은 것, 더 좋은 것을 아이들에게 직접 전달하기보다는 현실이 교사를 대신하여 그들에게 배움이 일어나도록 가르침을 멈춰야 할 때가 있는 것이다.

3. 비에스타의 교육론 (2): 민주주의와 교육

비에스타의 교육론을 따라가다 보면 자연스럽게 우리는 민주주의를 만나게 된다. 그것은 비에스타가 교육을 다원적 사회에서 고유한 행위 주체로서 개인이 다른 타자나 세계와 상호공존하도록 즉 민주적인 방식으로 존재하도록 만드는 역할을 담당하고 있다고 보기 때문이다. 달리 말하면, 비에스타는 민주주의를 특정한 정치체제로서가 아닌 다원적인 세계를 살아가는 '삶의 방식'으로 바라보고 있고 그러한 민주적인 삶의 방식을 익히게 하는 것이 교육의 주요한 기능 가운데 하나라고 보고 있다. 그리고 바로 이러한 점에서 비에스타의 민주주의와 교육에 대한 논의는 존 듀이의 그것과 유사하다.

듀이는 자신의 저서 『민주주의와 교육』에서 민주주의를 수없이 다양한 이해와 경험들을 의사소통적 활동을 통해 나누고 그러한 과정 속에서 함께 공동의 것을 구성해나가는 것으로 이해한다. 특히 학교는 사회의 축소판으로 학생들은 학교에서 민주주의 원리를 미리 경험하고 학습하며 사회로 나아갈 준비를 하고, 민주적 사회는 민주적 삶의 양식을 익힌 사람들에 의해 지속된다. 비에스타는 듀이가 교육이 지니는 사회적 기능 특히 민주적 삶의 방식을 익히게 하는 교육의 역할과 그 속에서 의사소통적 행위 및 경험의 중요성을 지적한 것에 대해 높이 평가한다.

하지만 동시에 비에스타는 학교를 사회의 기능적인 한 부분 혹은 학교를 민주주의를 위한 도구로서만 인식하는 것에 대해서는 비판적인 태도를 갖는다. 비에스타에 따르면 소위 좋은 민주주의의 덕목들을 단순히 미리 학습하거나 가르치는 장소로서 학교나 교육을 국한시켜서는 안 된다. 그러한 개인적이고 도구적인 접근은 민주주의를 학생들이 어떤 취득해야만 하는 속성들로 환원하며 학교교육의 역할을 최소화시킨다. 이렇게 되면 민주주의 학습의 방법 또한 경험이 아닌 가르침이 주가 된다.

대신에 비에스타는 샹탈 무페라는 정치학자의 민주주의에 대한 논의를 바탕으로 민주주의와 교육의 관계를 새롭게 해석한다.

우선, 비에스타는 민주주의를 개인들의 다양한 요구들이 서로 분출되고 접합되어 집단적인 요구로 변화되는 과정으로 이해한다. 다원적 가치나 요구들이 자유롭게 분출되고 맞부딪히며 사회적으로 함께 추구될 만한 가치나 요구들로 전환되는 과정 속에서 개인은 자유롭게 자신의 가치나 요구를 내세울 수 있지만 때에 따라서는 그러한 요구가 사회적으로 필요한 것인지 자신들의 가치나 요구를 잘 살피고 때에 따라서는 제한하고 조정해야 한다. 무페는 이러한 과정을 자유와 평등이 맞부딪히는 '민주주의의 역설'이라고 표현했고, 비에스타는 이를 '성숙성'(grown-up-ness)이라고 이름 붙였다. 그리고 이를 교육과 연결시켜 민주주의를 위한 교육은 개인들이 자유라는 이름 아래 자신들의 요구를 무한히 내세우도록 하는 것이 아니라 그것이 집합적 혹은 사회적으로도 바람직한 것인지 끊임없이 성찰하고 제한하도록 하는 기능을 수행한다고 본다.

이러한 '성숙한 민주시민'을 위한 교육에 대한 이야기는 2019년 비에스타가 한국을 방문하여 실시한 강연에 잘 반영되어 있다[6]. 이 강연에서 비에스타는 교육을 통한 정치적 시민성의 향상을 특히 강조하고 있는데 그에 따르면 정치적 시민성은 권리와 의무, 자유와 책임, 필요와 요구 사이의 적절한 '조절'이 핵심이다.

---

[6] Biesta G.J.J., 2019, Democracy, citizenship and education: From agenda to principle, 2019 학교 민주시민교육 국제포럼 발표문.

앞선 절에서도 잠시 얘기했지만 비에스타에 따르면 다원적 민주주의 사회에서 사람들은 저마다 다양한 요구들을 제기하며 그것을 집합적으로 추구할 만한 가치가 있는 것으로 전환시키곤 한다. 그런데 문제는 각자가 지니고 있는 요구의 내용이나 크기가 다 다르고 그 요구들이 모두 집합적으로 추구될 만한 가치가 있는 것인지 아닌지도 늘 논쟁적이다. 따라서 중요한 것은 개인이 자신들이 지니고 있는 다양한 요구들을 감추지 않고 드러내면서 동시에 개인적인 욕망에만 추동되지 않도록 하는 것이 매우 중요하다. 우리가 교육이 민주주의 사회에 기여한다고 할 때 혹은 민주시민을 길러낸다고 할 때 그것은 바로 개인이 원하는 것만을 추구하는 욕망의 논리로부터 벗어나 욕망을 성숙한 방식으로 재배치할 수 있도록 돕는 일이다. 좀 더 쉽게 말하면 교육은 아이들로 하여금 "내가 원하는 것이 바람직한가?"라는 질문들을 안고 살아가도록 하는 것이다. 비에스타는 이러한 삶의 방식이야말로 세계 속에서 세계를 파괴하거나 반대로 자기를 파괴하지 않고 민주적으로 살아가는 성숙한 삶의 방식이라고 하였다.

그렇다면 이러한 교육을 위해 필요한 것은 무엇인가? 비에스타는 세 가지의 교육적 원칙을 제시한다. 첫 번째는 '개입'. 세계 속에서 성숙한 방식으로 성장할 수 있도록 하기 위해서는 아이들이 세계와 만나는 것이 가장 우선적으로 필요하고 중요하다. 특히 교육은 익숙한 세계를 익숙한 방식으로 보여주는 것이 아니라 교육이 아니라면 만나지 못했을 낯선 세계를 경험케 함으로써 그 속에서 아이들이 자기를 드러내고, 자기의 실현을 위해 제한, 조절, 저항을 꾀하는 경험이 가능토록 해야 한다. 두 번째 교육 원칙은 '지연'이다. 우리가 꽃이 빨리 자라길 원한다고 해서 물을 많이 주면 꽃이 시들어 버리듯이 아이들이 자신의 욕망을 응시하고 그것의 적절성과 한계를 고민해볼 수 있도록 시간을 줄 필요가 있다. 아이들의 저마다 다른 삶의 속도를 중요시하며 또 충분한 시간 속에서 낯선 세계와의 만남을 잘 견디어 낼 수 있도록 충분한 시간을 주어야 한다. 마지막 원칙은 '지지'이다. 아이들이 울퉁불퉁한 세계를 만나는 과정은 위험이 따르는 행위이다. 아이들이 그 위험을 잘 견디며 주체화할 수 있도록 충분한 지원과 지지가 필요하다.

4. 나가며

코로나19 이후 우리는 위기 극복이라는 이유로 무수히 많은 '교육적 처방'들이 내려지고 있음을 목격하고 있다. 그런데 그 많은 처방들은 교사나 학생 그리고 학부모로 하여금 어떤 안정감과 자신감을 가져다주는 대신 오히려 어떤 '방향성'(sense of direction)을 잃도록 만든다. 코딩교육, AI교육 등을 포함하여 미래교육 담론들까지 더해지면 교육에 관한 혼란은 더해진다. 왜 그럴까?

이 글의 서두에서도 언급하였지만 아마도 그것은 교육에 대한 근원적이고 통합적인 고민의 부재에서 상당 부분 기인한다. 시시각각 변화하는 상황에 대한 기민한 교육적 대응도 필요하겠지만 우리가 교육활동을 하며 지속적으로 놓치지 말고 붙들고 있어야 할 교육적 질문들도 존재한다. 비에스타는 바로 이 후자의 차원에서 교육의 본질에 관한 질문들을 지속적으로 던지고 고민한다. 도대체 좋은 교육이란 어떤 교육인가? 어떤 교육이 바람직한 교육인가? 개인의 고유함을 드러내면서도 동시에 사회적 필요를 충족시키는 그런 교육이란 어떤 교육인가? 민주적 가치나 덕목들을 학생들에게 가르치기만 하는 그런 민주시민교육이 아니라 학생들이 자신의 필요나 요구를 적절하게 제한할 수 있는 그런 성숙성을 기르는 민주시민교육은 왜 필요하고 어떻게 가능할 것인가?

물론 비에스타가 던진 이런 질문들에 대해 비에스타 스스로도 명쾌하게 답을 내리기란 사실상 불가능하다. 가장 큰 이유는 비에스타가 말한 대로 교육은 너무나 복합적이고 또 통합적으로 이루어지는 활동이기 때문일 것이다. 많은 경우 결과를 예측하거나 보장할 수도 없고, 또 때로는 실패가 명확해 보여도 감수해야만 하는, 변화를 기다리고 지켜봐야 하는 그런 복잡하고도 어려운 활동이 바로 교육이기 때문이다. 하지만 바로 그렇기 때문에 이러한 근본적인 질문들이 반드시 필요하다. 어떤 교육적 문제에 대해 섣불리 정답을 찾으려 하기보다는 우리가 하고자 하는 교육의 목적과 방법에 대한 근본적인 고민을 지속해 나가는 것이 필요하다. 특히 지금과 같은 위기와 변화의 시기에는 더더욱 그러하다. 이것이 비록 비에스타가 지금 우리가 학교현장에서 마주한 어려움들을 해결할 요술방망이를 제공해주는 것은 아니지만 우리가 그의 논의에 귀 기울일 필요가 있는 이유이다.

민주시민교육을 위한
시민, 교육, 학교의 역할과 내용
- 비에스타의 민주시민 교육포럼을 정리하면서 -

김 현 수
(성장학교 별 교장, 명지병원 정신건강의학과 교수)

* 이 글은 2019년 6월 22일 4개의 교육청 (서울, 인천, 경기, 강원)이 함께 주최한 학교민주시민교육 국제포럼에서 비에스타 교수가 강의를 녹취해 정리하고 저의 이해에 기초해서 재정리한 것입니다. 내용이 그대로 정리된 부분이 많지만, 일부 견해는 제가 추가하고 강조해서 정리된 부분도 있습니다.

1. 학교는 민주시민교육의 장이며, 민주주의자들은 태어나는 것이 아니라 길러지는 것이다.

학교가 민주시민교육의 중심 역할을 해야 한다는 요구가 전 세계 많은 나라에서 지속되고 있습니다. 역사가 있는 전통 깊은 국가에서는 새로운 민주주의의 발전과 갱신을 위해 학교의 역할이 필요하고, '신생' 민주주의 사회의 경우에는 민주적 시민성을 새롭게 정립하는 데 기여할 것을 요구받고 있습니다.

무엇보다 중요한 명제는 우리는 **"민주주의자들은 태어나는 게 아니라 길러지는 것이다"**[7](Parker 1996, p.201)라는 사실입니다. 그러기 위해서 학교에서는

1) **민주적 시민성이란 실제로 무엇을 포함하는 것**이며,
2) 그리고 **여기에서 학교는 어떤 방법으로 그 역할을 다할 수 있는가?**에 대한 답을 해야 합니다.

이런 논의를 진전시키기 위해 우리가 갖추어야 할 사항은 다음과 같은 것들이라고 비에스타는 주장합니다.

첫째, 민주주의인 것과 민주주의가 아닌 것을 잘 분별하고,
둘째, 현재의 민주적 시민성 논의와 한계를 잘 분별하고,
셋째, 이 분별의 현실 위에서 교육이 무엇을 할 수 있는지에 대해 정확한 인식을 갖는 것이 중요합니다.

그리고 시민, 교육, 학교에 대해 다음의 입장에서 논의하는 것이 중요하다고 말하고 싶습니다.

1) 먼저, 최근 논의들에서 찾아볼 수 있는 **시민성에 대한 서로 다른 정의**들에 주목하면서 다양한 시민성 연구들을 살펴보겠다. 그

---

[7] Parker, W. (1996). Introduction. Schools as laboratories of democracy. In W. Parker (Ed), Educating the democratic mind.
Albany: SUNY Press.

리고 **시민성과 민주주의 연결의 중요성**을 설명하는 것이 필요합니다.

2) 두 번째로, 민주주의를 '다수에 의한 통치'로 보는 수학적 정의에는 반대하며 동시에 '다원성을 인정하며 함께 살아가기'를 강조하는 입장에 동의하면서 지금의 민주주의가 무엇을 의미하는지 그리고 그것은 무엇을 포함하는지 자세히 살펴보려고 합니다.

민주주의는 모든 사람이 자기가 원하는 방식으로 살아갈 수 있는 자유를 평등하게 보장하는 것만 추구하는 제도가 아닙니다. 민주주의는 우리들이 우리 자신의 자유만을 확장하고 실행하다 보면 다른 사람의 자유와 행동을 제한할 수 있다는 것을 인식하고, 모든 사람이 이 자유를 현명하게 사용하도록 요구하는 제도이기도 합니다. 이런 관점에서 민주주의는 다른 사람의 자유에 대한 인식과 '자기 제한(self-restraint)'을 요구한다는 분명한 사실을 인식해야 합니다.

3) 세 번째로, **민주주의 개념을 아동과 청소년들이 '성숙한 방식(grown-up way)'으로 세계 속에 존재하도록 이들 안의 '욕망(desire)'을 일깨우는(arouse) 교육적 과업과 연결시키는 것이 중요합니다.**

4) 네 번째로는 민주주의의 과업을 위한 교육 원칙을 더 자세히 주장하려고 합니다.

"교육이 해야 할 역할은 개입하고(interrupt), 속도를 늦추고,

아동과 청소년들이 세계와 만나 '대화(Dialogue)'해야만 하는 상황에 맞닥뜨리는 어려운 임무를 수행할 때 지지하고 필요한 것들을 마련해주는 것입니다."

이러한 교육을 위해서는 특별한 장소와 시간이 필요한데, 바로 이것이 민주주의가 학교를 필요로 하는 핵심적 이유입니다.

비에스타 교수는 새로운 세대에게 '교육'의 시간이 사용 가능하도록, 그리고 단지, 이미 넘쳐나는 교육과정에 보태져야만 하는 또 하나의 아젠다로 민주적 시민성을 교육받는 것이 아니라 새로운 세대가 하는 학교 작업의 모든 면을 통하여 민주적 교육의 원리를 실천해보고 경험해보는 학교를 주장합니다.

비에스타 교수의 주장에 따른 교육의 역할과 현재 우리 학교의 처지는 차이가 꽤 크게 있습니다. 우리는 학생들의 삶에 개입하기 어렵고, 속도는 경쟁에 의해 압도되고, 학생들이 세계와 만나기는 더 어렵습니다. 문제더미 속에 화석화된 세계에 대한 시험을 통해 세계를 만나고 있습니다.

2. 시민성은 세 가지 차원으로 펼쳐진다

2.1 시민성 - 사회적, 도덕적, 정치적 시민성[8]

---

8) Westheimer, J., & Kahne, J. (2004). What Kind of Citizen? The Politics of Education for Democracy. American Educational Research Journal 41(2), 237-269.

시민성과 시민교육에 대한 최근 논의에서 두드러진 점으로 시민성에 대한 서로 다른 정의들의 범주가 매우 다양하다는 것을 들 수 있습니다. 비에스타 교수는 시민성 개념 세 가지를 제시합니다. '사회적 시민성', '도덕적 시민성', '정치적 시민성'이 그 세 가지 개념입니다.

1) '사회적 시민성'은 시민성을 사회 통합과 사회 결속 그리고 사회의 원활한 작동의 관점에서 보는 것입니다. 이 관점에서 시민성 교육은 좋은 사회적 상호작용이나 한 사회의 법, 통치, 관습에 따르도록 하는 기술을 가르치는 역할을 해야 합니다. 여기서는 가치를 공유하는 것이 매우 중요한데, 그렇지 않으면 사회는 빠르게 붕괴될 것이기 때문입니다. 또한 이 관점은 시민들이 사회, 특히 지역사회에 적극적인 책임감을 가질 것을 강조하는데 이것이 이른바 '적극적 시민성' 개념과 관련되어 있는 것입니다.

2) '도덕적 시민성'은 좀 더 명확하게 개별 시민들이 책임감, 존경심, 관용 같은 덕성과 자질을 가져야 한다고 강조합니다. '사회적 시민성' 개념이 사회구조의 힘에 초점을 맞추는 반면, '도덕적 시민성' 개념은 좀 더 분명하게 개인과 자질, 행동에 주목합니다. 이 관점에서는 시민교육이 도덕교육의 한 형태이고, 개인이 동료 시민들에 대해 책임감과 존중감을 가지고 행동할 수

있는 도덕적 자질과 기질을 향상시키는 것이 중요하다고 할 수 있습니다.

3) '정치적 시민성'은 시민성을 정치적 정체성으로 보며, 시민성과 민주주의 사이의 본질적 연관성을 강조합니다. 여기서는 시민의 지위가 실제 민주적 사회에서만 가능한 것이므로 민주주의를 언급하는 것이 놀라운 것이 아닙니다. 시민이 아니라 신민만 존재하는 왕정이나 개인이 중요하지 않은 전제군주정에서 시민의 자유를 갖는다는 것은 불가능했습니다. 민주주의는 시민들에게 표현의 자유와 같은 시민권, 투표권과 선거권과 같은 정치적 권리, 기본소득, 건강보험, 안전 그리고 교육의 권리와 같은 사회적 권리를 제공하고, 시민의 권리를 보호합니다. 무엇보다 우선되어야 하는 것은 시민들이 자신들의 권리가 무엇인지 인식하는 것인데, 바로 여기에서 시민교육이 첫 번째 중요한 역할을 해야 합니다. 그러나 권리는 항상 의무와 함께 가야 하는데, 이는 개인이 자신의 권리를 적절하게 사용하고, 민주적 사회를 구성하는 가치들-자유, 평등, 연대-과 조화를 이루면서 개인의 삶을 영위할 의무를 뜻합니다. 이 부분은 시민교육이 해야 할 또 다른 중요한 과업입니다.

비에스타 교수는 이 중 세 번째 시민성인 **정치적 시민성을 강조하고 있습니다. 정치적 시민성이 중요한 이유**는 다음과 같습니다.
첫 번째 이유는 가치를 공유하거나 높은 수준의 사회적 통합을 이룬 사회가 반드시 민주주의 사회는 아니기 때문입니다.

두 번째 이유는 연구 결과들에 따르면, 사람들이 예컨대 지역사회에서 동료 시민들에 대해 책임감을 느끼거나 책임감 있게 행동한다고 해서 자유, 평등, 연대라는 민주주의적 가치들에 대해 관심을 보이는 것은 아니기 때문입니다. 다시 말해, 지역공동체의 동료 시민들에 대해서는 책임을 느끼지만, 다른 사람들에 대해선 그렇지 않을지도 모릅니다. 또는 일부 사람들의 자유에 대해선 관심을 갖지만, 모든 사람들의 자유에 대해서는 관심을 갖지 않을 수도 있습니다. 그들만의 자유에만 관심이 있다면 이것은 시민성이라고 보기 어렵습니다.

3. 민주주의에 대한 재조명이 필요하다

시민성이 민주주의적 시민성이어야 한다고 강조하는 것은 민주주의가 실제로 무엇인가라는 더 심화된 질문을 제기하는 것이라고 할 수 있습니다. 민주주의에 대한 재조명이 필요하다는 것입니다.

과거 민주주의는 다음과 같은 정의 속에서 논의되곤 하였습니다.
- 민주주의(democracy)의 근본적 의미는 명확하고 간단하다. 이것은 모든 사람(demos)을 사회의 통치(kratein)에 포함시키는

것이다.
- 에이브러햄 링컨(Abraham Lincoln)의 말로는 "국민의, 국민에 의한, 국민을 위한 정부"이다.
- 존 듀이(John Dewey)에 따르면, "더 나아간 행동의 기회를 만들기 위한 조건들을 만드는 것"이다.
- 윈스턴 처칠(Winston Churchill)의 약간 반어적인 표현으로는, 지금까지 시도된 다른 모든 형태를 제외한 최악의 정부 형태다.
- 더 기술적으로 정의하자면, "민주주의는 집단적 의사 결정에 대한 민중적 통제(popular control)와 이런 통제권 행사에 있어서 권리의 평등이라는 두 가지 원칙이다.
- 오늘날 많은 사람들은 민주주의가 자유민주주의를 의미해야 한다고 여길 것이다.
- 자유민주주의는 자유의 자유주의적(liberal) 원칙과 평등의 민주적(democratic) 원칙이 함께한다.

민주주의를 재조명하면서 비에스타 교수는 두 가지 점을 강조해서 재조명해보고 싶다고 했습니다.

'내가 강조하고자 하는 첫 번째 요점은 민주주의는 역사적 발명품이라는 점이다.'

민주주의는 자연적인 것이 아니라 인위적인 것입니다. 예를 들어, 인간의 두뇌 속에서 본능적으로 반응해서 나온 것이 아니라는 얘기입니다. 그래서 우리는 민주주의가 합리적이지 않다고 말할 수도 있습니다. 생각할 수 있는 사람 또는 생각을 잘하는 사람까지도 자동적으로 또는 반드시 민주주의자인 것은 아닙니다. 다시 말해, 민주주의는 '정치(politics)'의 문자 그대로 의미에서의 정치적 프로젝트, 즉 인간으로서 우리가 함께 살고자 하는 삶, 폴리스(polis)에서의 삶입니다. 이 폴리스에서 중요한, 민주주의의 핵심적 요체는 '다원성이라는 사실'(fact of plurality)과 깊이 연관되어 있다는 것입니다.

인간으로서, 우리는 인생을 살아가는 것 또는 인생을 '잘' 사는 것에 대한 서로 다른 관점의 다채로움(diversity)을 가지고 있습니다. 이는 거칠게 말하자면 그런 다원성은 제거되어야 하는 것이 아니라 오히려 바람직한 것이라는 가정에 기반하고 있습니다.

민주주의는 세 가지 아주 특별한 원칙들, 즉 자유·평등·연대의 가치로 묶여 있다고 생각되어 왔습니다. 하지만 이 가치들을 함께 유지하는 것은 결코 쉬운 일이 아닙니다. 기본적으로 알다시피 자유와 평등 사이에는 근본적인 긴장관계가 있습니다. 일부 사람들의 자유의 증대가 종종 다른 사람들의 동등한 자유에 압박을 주는 것처럼, 일부 사람들의 평등의 증가가 다른 사람들의 자유에 압박을 줄 수도 있습니다. 무페는 이를 '민주주의의 역설(democratic paradox)'이라고 명명했습니다.[9]

'연대'는 민주주의의 매우 적극적 차원으로, 어떤 민주주의 사회

---

9) Mouffe, C. (2000). The democratic paradox. London/New York: Verso.

에서든 자유와 평등이 사람들 삶에서 의미를 가지기 위해 필요한 것들이 무엇인지 관심을 가져야 한다는 것을 의미합니다. 바로 여기에서 기본소득, 건강보험, 안전, 교육의 권리가 생겨났습니다.

민주주의가 '역사적 발명품'이고 정치적 '프로젝트'라는 사실에 덧붙여 말하고 싶은 것은, 우리가 민주주의를 선택과 미선택 즉 '순수한' 선택 문제로 이해해서는 안 된다는 점입니다. 사람들이 자신의 선호를 표현하고 그것들을 계산하여 다수에게 권력을 주는 것이라는 견해에 반대하며, '숙의 민주주의'라고 알려진 개념에 대한 더 깊은 이해를 이야기해야 합니다. 숙의 민주주의는 민주주의를 사람들이 표현한 취향과 선호를 단순히 받아들이는 것으로서가 아니라 '집합적 과정(collective process)'으로서 바라봅니다. 이 과정은 개인이나 집단이 그들이 선호하는 것과 욕망하는 것을 표현하는 데에서 시작되지만, 중요한 단계는 이러한 선호와 욕망을 두고 개인과 집단들이 '집합적으로 숙고(collective consideration)'하는 것인데, 이는 어떤 개인과 집단들의 선호가 사회 전체적으로 수행될 수 있는가를 파악하기 위한 것입니다. 이런 관점에서, 민주주의는 투표, 개표, 그리고 득표 차의 확인이 아니라, 개인적인 '요구'를 집합적인 '필요'로 전환하는 것이라고 할 수 있습니다. 이는 "개인적인 문제들을 공적인 이슈의 언어"로 전환하고 나서, 바우만(Zygmunt Bauman)이 말한 대로 "개인적인 문제들에 대해 공공의 해결책을 모색하고 협상하고 합의하는 것"입니다.[10] 이런 전환에는 공적인 영역이 요구됩니다. 공적 영역은 '가까이에 있는 시장과 사적 영역으로부터 보호를 받으면서, 낯선 사람들이 그들이 속한 공동체적 삶 속에서 동등한 파트너로 서로를 만나는 곳'을 말합니다. 이 공적 영역에서 '공공의 이익을 정의하고 공공재를 생산'하며 우리는 살아가게 됩니다.

여기에서 이제 정치이론에서 교육문제로 옮겨가 논의를 해보는 것이 필요합니다. 중요한 것은 '공적 영역을 유지하거나 공적 영역에 의해 유지되는 가치는 개인 이익의 가치가 아니라 때로는 개인 이익에 맞서는 집합적 이익의 가치'라는 점입니다.

이 얘기가 아주 이론적으로 들릴 수도 있겠지만, **민주주의의 핵심 요점**, 즉 민주적으로 함께 살기의 핵심 요점은 롤링 스톤스(Rolling Stones)의 가사처럼 "항상 원하는 것을 가질 수는 없다(you can't always get what you want)"는 것입니다. 롤링 스톤스는 민주주의를 완벽하게 간파한 셈입니다. 따라서 민주주의는 "자기 제한(self-restraint)"을 요구합니다.

그런데 데이비드 마퀀드가 지적한 것처럼, 이런 자기 제한은 자연스럽게 생겨나는 것이 아니라 '**학습되고 내면화되어야 하는데 이 과정은 때론 고통스럽게 이루어진다.**' 할 수 있습니다.[11] (Marquand 2004. 6) 따라서 민주주의는 모든 사람이 원하는 것을 할 수 있고, 갖고 싶은 것을 얻을 수 있는 완전한 자유를 누릴 수 있는 조건을 말하는 것이 아닙니다.

---

10) Bauman, Z. (2000). Liquid modernity. Cambridge: Polity Press.
11) Marquand, D. (2004). Decline of the public: The hollowing-out of citizenship. Cambridge: Policy Press.

민주주의는 자기 제한을 요구합니다. 민주주의는 우리가 원하는 것과 어떤 사람이 되고자 하는 것에 개입합니다. 민주주의는 우리의 정체성에 개입하고, 또 우리가 자신의 방식으로 삶을 살아가고 그렇게 자신이 되어가고 싶은 견고한 세계에 개입합니다. **모든 사람에게 평등한 기회를 주고자 하는 민주주의 사회는 언제나 우리에게 타협과 자기 제한을 요구한다는 것을 알아야 합니다.** 다시 말해, 민주주의는 모든 사람에게 최대의 번영을 가져다주려는 게 아니라 어느 정도의 제한을 요구하는 것입니다. 바로 이 지점에서 우리는 교육의 역할을 이야기할 수 있습니다.

4. 민주주의와 교육 : 내가 원하는 것이 바람직한 것인가? 를 배우는 과정

민주주의가 실제로 우리들에게 '요구'하는 것을 명확히 하기 위해서 민주주의 개념에 대해 자세하게 살펴보았습니다. 우리가 이에 대한 분명한 인식을 가져야만 교육의 역할에 대해 의미 있게 말할 수 있습니다.

비에스타가 강조하고자 했던 점은, **민주주의가 자신이 원하는 것을 말하고, 얻어내고자 하는 것의 문제가 아니라는 것입니다. 이에 대한 적절한 명칭은 '포퓰리즘(populism)'입니다.** 우리는 포퓰리즘이 등장하는 사례를 자주 볼 수 있는 시대에 살고 있습니다. 포퓰리즘에서 우려되는 점은 민주주의라는 이름 아래 포퓰리스트가 단순히 자신의 견해에 대한 '권리'만을 주장한다는 것입니다. 포퓰리스트들은 자신의 견해가 자유, 평등, 연대의 원칙과 어떻게 어울리는가도 묻지도 않습니다. 더 중요하게는 모든 사람들에게 평등한 자유와 자신의 견해가 어떻게 어울리는가도 묻지 않습니다. 그러나 민주주의는 오히려 개입을 받아들이는 존재 양식을 요구하는 것입니다. 이런 존재 양식을 우리는 자신의 삶을 살아가는 '현실세계적(worldly)' 방식이라고 할 수 있습니다. 이것은 사적으로 자신의 삶을 살아가는 방식이 아니라 타자와 함께 세계 속에서 살아가는 것을 말합니다. 민주주의의 열쇠는 우리가 개인적인 욕망에 의해서만 추동되는 삶을 살지 않으며, 어떻게 하면 개인과 집단들의 욕망이 집합적으로 수행될 수 있는지, 또는 개인과 집단들의 욕망이 집합적으로 바람직하게 전환될 수 있는지 끊임없이 질문을 던진다는 점에 있습니다.

이런 전환 과정에서, 자유, 평등, 연대의 가치는 '경기장'의 구획을 분명하게 정해준다고 할 수 있습니다.

개인과 집단의 욕망을 집합적으로 바람직한 것으로 전환하는 이 과정에서 핵심적이고 근본적인 교육적 이슈를 찾을 수 있습니다. **교육을 통하여 아동과 청소년들이 자신들의 욕망 중 어떤 것이 바람직하게 여겨질 수 있는지 질문을 던지게 될 수 있게 됩니다.** 이는 아동과 청소년들이 우리의 모든 욕망을 충족시키기에는 제한된 능력을 가진 지구에서, 다른 사람들과 더불어,

자신의 삶을 잘 살도록 하기 위한 것입니다.
프랑스의 교육학자 필립 메리외(Philippe Meirieu)가 주장한 것처럼,

"교육은 아동이 자신에게 '요구되는 것'이 무엇인지는 스스로 묻지 않고 원하는 것만을 추구하는 '욕망의 논리'로부터 스스로를 해방시키는 것을 돕는 어려운 일입니다."[12]

그런데 교육자로서 우리가 해야 할 일은 이러한 질문들에 대한 답을 주는 것이 아닙니다. 아이들이 무엇을 원해야 하고, 무엇을 원하지 않아야 하는가 말해주는 것도 아닙니다. 이렇게 하는 것은 아이들이 우리의 판단에 전적으로 의존하게 만들기 때문입니다. 오히려 우리는 "내가 원하는 것이 바람직한가?"라는 질문들을 일생 동안 그들이 갖고 살아가야 하는 살아 있는 질문으로 만들 수 있게 아이들을 돕고 용기를 북돋워 주어야 합니다. 이는 인식의 문제가 아닙니다. 아마도 그것은 의지를 교육하는 것이고, 민주적인 '심장'(heart)을 갖게 하는 일입니다.
아동과 청소년들이 자신의 욕망을 '성숙한 방식'으로, '세계 속에서' 살아가며 조정하도록 교육하는 것이 중심이 되어야 한다고 제안한 바 있습니다.[13] (Biesta 2017, chapter 18)

---

12) "Toute la pédagogie est un travail compliqué ... pour aider l'enfant à se dégager de la logique du caprice." (Philippe Meirieu) Meirieu, P. (2007). Pédagogie: Le devoir de résister. Issy-les-Moulineaux: ESF éditeur.
13) Biesta, G.J.J. (2017). The rediscovery of teaching. London/New York: Routledge

이것이 교육의 중심 질문이며 또한 민주주의의 중심 질문입니다. 그러므로 교육과 민주주의는 서로 해야 할 일에 대해 중요한 개념을 갖도록 도울 수 있습니다.

5. 교육이란 무엇인가?

교육은 "성숙한 방식으로 세계에 존재하고자 하는 욕망을 일깨우는 것"입니다. 교육은 혼자서만 존재하는 것이 아니라 '세계 속에 존재한다'는 것이 무엇을 의미하는지를 알게 하는 것이라고 할 수 있습니다.

5.1 세계 속에 존재한다는 것은 무엇을 의미하는가?

'세계 속에 존재한다'는 것은 사람들이 세계 속에서 행위하고 자신의 계획(initiatives)을 세계 속으로 가지고 들어온다는 뜻입니다. 이때 세계 속에서의 행동이 원활하게 이루어지는 때가 많지만 어느 지점에서 또는 조만간에 우리는 저항을 경험하게 됩니다. 이런 저항은 우리의 계획이 그리 대단한 것이 아니라고 생각할 수도 있는 '다른 사람들'로부터 나옵니다.

혹은 '물질 세계'로부터의 저항도 있을 수 있습니다. 이는 우리가 그 물질 세계에서 해보고자 하는 것이 가능하지 않거나 즉각적으로는 불가능하다는 것을 시사합니다. 이 말은 다소 추상적으로 들릴 수 있을 것입니다. 그러나 예를 들어, 돌덩이로 조각품을 만들고 싶고, 아이디어를 가지고는 있지만, 이를 전혀 진척시킬 수 없는 경험을 생각해 볼 수 있습니다. 즉, 돌덩이가 내가 모양을 내고 싶어 하는 방식으로 깎이는 것을 허락하지 않는다는 이야기입니다.

5.2 세계 속에 존재하기 위해 마주하게 되는 것은 무엇인가?

우리가 마주하게 되는 것이 바로 저항입니다. 강조하고 싶은 첫 번째 요점은 저항에 대한 경험이 우리 인생에서 엄청나게 중요하다는 것입니다. 이 경험은 세계가 (우리가 만들어낸) 구조물이나 환상이 아니라 우리 바깥에 실재하며 자신만의 방식과 본질로 존재하고 있음을 알려 주기 때문입니다. 지그문트 프로이트(Sigmund Freud)는 이것을 '현실 원칙'(reality principle)이라고 명명했습니다. 물론, 저항의 경험은 좌절감을 안겨 줍니다. 우리의 계획이나 아이디어, 의도 등이 방해를 받는 것이기 때문입니다. 이 좌절에 우리가 대응할 수 있는 방법은 기본적으로 세 가지가 있습니다.

5.3 세계 속에 존재하며 살기 위해 마주한 저항은 어떻게 다루어지는가?

첫 번째 방법은 우리의 계획이 현실화되고 세계에 '안착'할 수 있도록 하기 위해, 비유적으로나 문자 그대로 더 열심히 밀어붙이는 것입니다. 이는 중요한 일입니다. 그러나 너무 세게 밀어붙이다가 우리가 도달하고자 했던 바로 그 세계를 우리 스스로 파괴할 위험이 항상 존재합니다. 다시 조각품 얘기로 되돌아가보면. 돌덩이의 특정 부분을 너무 세게 망치로 두들기면, 깨져 버릴 수도 있습니다. 또는 우리가 동료들을 너무 세게 몰아붙이면 그들과의 관계를 파괴시킬 수도 있습니다. '세계 파괴(world-destruction)'의 위험이라고 할 수 있습니다.

두 번째 방법으로, 세계의 저항에 맞닥뜨리며 경험하는 좌절감은 우리를 반대 방향으로 가게 할지도 모릅니다. 포기하거나 철수하거나 더 이상 노력을 기울이지 않는 것입니다. 물론 때로는 뒤로 물러서는 것이 정말로 중요할 수도 있습니다.

우리가 세계와 사이에 물리적 또는 사회적 여유 공간을 허용하는 것이기 때문입니다. 이는, 물리적 세계와 다른 사람들에게 우리의 계획 때문에 중단되거나 방해받지 않고 그들만의 방식대로 존재할 여지를 주는 것입니다. 그러나 여기에도 위험이 도사리고 있습니다. 우리가 전적으로 뒤로 물러나게 된다면, 우리가 세계 속에서 존재할 가능성을 스스로 파괴하는 것으로 귀결됩니다. 이것은 자기 파괴(self-destruction)의 위험이라고 할 수 있습니다. 이것이 우리가 세계에 존재하려고 노력할 때 맞닥뜨리는 것이라면, 세계 파괴와 자기 파괴의 위험들 사이에 자리한,

더 어려운 '중간 지대'에 남는 것이 현실적이고 지속적인 도전이 될 것이라는 점은 분명해집니다.

우리는 이 중간 지대를 '세계 속의' 공간이라고 생각할 수 있지만, 동시에 이곳을 '교육적 공간'으로 생각할 수도 있습니다. 이 공간은 우리가 세계 속에서 혼자 존재하는 것이 아니라는 것, '저 바깥에' 세계가 있고, 우리가 도전하고자 하는 것은 그 세계를 주관하려고 하는 것이 아니라 그 세계와 대화(Dialogue)하게 되는 것임을 교육하는 곳입니다.

여기에서 대화는 일반적인 '대화'(conversation)가 아니라 실존적 '형식'(existential 'form')으로서 이해되어야 합니다. 실존적 형식으로서 대화는 우리를 위한 공간뿐만 아니라 세계를 위한 공간이 있도록 우리가 존재하는 방식입니다. 경쟁과는 달리 대화는 승자도 없고 결말이나 결론도 없습니다. 나와 다른 물질이나 사람들과 실존적 형식으로 대화를 유지하는 일은 평생 해야 할 일이기도 합니다.

6. 성숙한 방식으로 존재한다는 것은 무엇을 의미하는가?

보통 '성숙(grown-up)'이란 말은 성장과 발달의 결과를 의미하는 것으로 생각합니다. 그러나 여기서는 이 단어를 우리가 세계 속에 존재하는 방식의 질적 특성(quality), 더 철학적인 용어로 얘기하면 실존적 삶의 질을 나타내는 용어로 사용하고자 합니다.
여기에서 다시 한번 메리외의 연구로부터 도움을 받았습니다.

'성숙성(grown-up-ness)'을 "세계의 중심에 자신을 두지 않고 세계 속에 존재하는 것"이라고 정의했습니다" (Meirieu 2007).
우리가 이런 방식으로 '성숙'을 바라볼 때, 성숙은 특정 나이에 이미 성취했다고 주장할 수 있는 것이 아닙니다. 오히려 그것은 우리가 겪는 새로운 상황에서 만나는 도전입니다. 즉, **성숙은 우리가 단지 자신의 욕망을 위해 얻고자 하는 것에만 관심을 기울일 것인가, 아니면 우리 자신의 욕망을 두고 세계와 대화할 것인가 하는 것으로 알 수 있는 것입니다.**
나이가 많다고 해서 더 성숙할 것이란 가능성은 높아 보이지 않습니다. '자신 바깥의' 세계를 보지도 않고서 자신의 욕망을 만족시키는 데만 몰두하는, 나이 든 사람의 사례를 우리 모두는 이미 잘 알고 있습니다.
아동과 청소년들이 성숙한 방식으로 세계에 존재하고 싶도록 일깨우기 위한 교육적 질문이 있습니다.

"우리의 욕망을 모두 채워 주기에는 제한된 능력만을 가진 이 지구에서 (이것은 생태학적인 질문입니다), 내가 욕망하는 것 또는 내 속에서 욕망으로 만나는 것이, 내가 욕망할 수 있고 또 욕망해야 하는 것인지, 나 자신의 삶을 위해서 또는 다른 사람과 함께 사는 삶을 위한 것인지(이 부분은 민주주의의 질문입니

다) 질문하는 것"입니다.

세계에 존재하는 방식은
1) 유아적 방식으로, 이는 세계에 눈길을 주지 않고 자신의 욕망만을 뒤쫓는 것이라고 한다면,
2) 성숙한 방식은 단지 우리의 욕망을 억압하는 것이 아닙니다. **'성숙한 방식이란 욕망이 세계 속에서 잘 존재하고자 하는 우리의 바람을 지원할 수 있도록 우리의 욕망을 점검하고, 의문을 갖고, 필요하다면 전환시키는 것'입니다.**
이 점에서 인도의 교육학자 가야트리 스피박(Gayatri Chakravorty Spivak)이 교육을 '욕망의 자발적 재배열'(uncoercive rearrangement of desires)라고 정의한 것은 매우 적절하다고 할 수 있습니다.[14] 스피박은 정의는 욕망을 전환(desire-transformation)시키는 교육뿐만 아니라 교육의 비강제적(강요받지 않음) 특성을 강조하고 있습니다. 스피박은 학생이 자신의 욕망을 전환시키는 일을 강요하거나 강제해선 안 된다고 말합니다. 이 점은 아동과 청소년이 스스로 자신들의 욕망을 시험하고 전환하고자 하는 욕망을 일깨우는 것이 교육이라고 주장하는 비에스타 교수의 입장과도 궤를 같이 합니다. 물론, 교육이 강제행위가 아니라고 말한다고 해서 교육이 중요하지 않다는 것은 아닙니다. 그 반대로, 교육의 성패는 아이들이 중간 지대에 머물도록 도전하고 세계 파괴나 자기 파괴로 귀결

---

14) Spivak, G.C. (2004). Righting the wrongs. South Atlantic Quarterly 103(2/3), 523-581.

되지 않도록 하는 것에 달려 있습니다. 대화를 배우는 것에 달려 있습니다.

민주주의의 교육 과정은 민주주의를 글자로 배우는 것이 중요한 것이 아니라 민주주의의 '본질'을 파악하고 이것이 우리 각자의 삶과 욕망에 요구하는 민주적 방식을 경험하고 이야기하는 것에 달려있다고 말하고 싶습니다.

다시 한번 말하자면, '우리의 욕망(desire)을 모두 채우기에는 모자란(meterial restraint) 지구에서, 욕망에 의해서만 움직이거나(world-destruction) 세계로부터 도망치지(self-destruction) 않고, 우리가 욕망하는 것이 다른 사람들과 함께 잘 살아갈 수 있는 삶을 도울지 방해할지 늘 질문을 던지며(consider desirable), 세계 속에서 세계와 함께, 성숙된 방식으로(in a grown-up ways) 존재하는 것'을 경험하고 배우고 깨닫는 과정입니다.

한정된 지구를 언급하는 것은 민주주의의 문제가 생태 문제, 자원의 한계 문제와 분리할 수 없다는 것을 의미합니다. 우리가 어울려 살아가야 할 존재에는 다른 사람뿐만 아니라, 우리가 살고 있는 자연 '환경'도 해당됩니다.

7. 교육을 통해 세계와 만나는 3가지 방식 : 개입, 지연, 지지

비에스타 교수는 교육에서 감당할 일들에 대한 독특한 자신의 개념을 갖고 있습니다. 그래서 교육에 주의를 돌려 교육은 무엇을 해야 한다는 것을 의미하는지, 교육적으로 필요한 것이 무엇인지에 대해 질문을 던질 때, 세 가지 특별한 차원의 교육적 '과업'을 제안합니다. 개입(interruption), 지연(suspension), 지지(sustenance)입니다. 이 각각의 특별한 개념을 간략히 소개드립니다.

7.1 개입(interruption) : 자기 그리고 자기 바깥 세계와 대화하기

첫 번째 교육적 과업은 세계 속에서 성숙한 방식으로 존재하도록 하기 위해, 아동과 청소년들이 자연 세계와 사회적인 세계를 진짜로 만나게 하는 것입니다. 다른 말로 하면, 바깥 저편에 존재하는 세계가 그들의 삶으로 들어오게 하는 것입니다. 여기에서 중요한 것은 '개입'의 성격입니다.

교육의 목적은 아동과 청소년들이 자기 자신에게만 관련되어 존재하는 것으로부터 '멀리' 벗어나게 하는 것입니다. 교육 속에서 물리적 세계와 사회적 세계의 현실이 아동과 청소년들의 현실에 개입할 수 있는 가능성이 생겨납니다.

이 과정에서 **교사의 중요한 임무란 무엇일까요?**

다른 말로 하면, 아이들이 저항을 경험할 가능성을 갖는 기회이고, 바로 여기에서 교사의 중요한 임무가 출현합니다. 교사의 역할은 학생들이 **저항을 두려워하거나 도망치지 않고 그 저항과 함께 머물 수 있도록 하는 것입니다.** 다른 식으로 표현하자면,

교육은 인지적이라기보다는 실존적 의미에서 어려움을 감당해야 하는데, 왜냐하면 여기에서 아동과 청소년들은 그들이 세계에 대해 원하는 바와는 다른 '현실'을 만나는 어려움을 겪게 되기 때문입니다.

여러 가지 말로 교육의 개입적 성질을 설명하고 정당화하는 것은 교육에 대한 많은 현대적 견해들이 이와 상반된 주장을 하고 있기 때문입니다.

많은 사람이 아동이나 청소년을 교육 과정의 중심에 두는 '아동 중심 교육' 또는 '학생 중심 교육'을 이야기하고 있습니다.

이러한 교육은 아동과 청소년이 교육과정을 통해 원하는 것이 무엇인지에서부터 출발합니다. 그리고 그들을 만족시키는 것에 지나치게 목적을 두는 경향을 갖기도 합니다.

이런 '활동 중심'(doing) 교육은 아동과 청소년이 그들 자신이 원하는 것만 만나고, 그들이 원하는 것만 얻을 뿐, 결코 세계 속으로 들어가지도 못하고, 기대했던 것과는 다른 것과 만나는 도전은커녕 결코 그런 상황에 '초대받지도' 못한다는 위험성을 가진다는 것을 분명히 경고하고 싶습니다.

아동과 청소년을 교육의 중심에 두는 것이 때로는 민주적 교육의 품질보증서인 양 제시되고 있는데, 이때 아동과 청소년들에게 무엇을 해야 할 것인가 말해주기보다는 오히려 그들이 받게 될 교육이 어떤 것이어야 하는지 스스로 결정할 자유만 주게 되는 경우가 많습니다.

중요한 차이는 그런 자유가 어떤 경계도 없다면, 또 그런 자유가 그들의 욕망에 한계를 지어줄 '저기 바깥' 세계의 현실과 대화하도록 하지 않는다면, 결국 욕망을 전환시키는 어려운 작업을 실행할 수 없는 교육 형태가 되고 말 것이라는 점입니다.

7.2 지연(suspension) : 속도를 늦추고 시간 주기

아동과 청소년들이 세계와 대화하길 원한다면, 또 그들이 세계에 대해 욕망하는 것들이 그들이 욕망해야 하는 것인가라는 질문을 던지기를 원한다면(궁극적으로 이 질문에 대해서 그들이 직접 해답을 찾아야 합니다), 여기에는 시간이 걸리고 또 욕망을 전환하는 과정을 구체화시키는 특정한 교육 형식이 필요하다는 것을 알아야 합니다.
그리고 교육이 성숙함에 관심을 갖는다면 교육은 속도를 높이기보다는 낮추는 과정이라는 것을 인식해야 합니다. 세계와의 관계에서 한때 가졌던 욕망에 주의를 기울이기 위한 것만이 아니라, 어떤 욕망이 성숙한 방식으로 세계에 존재하는 데 도움이 될지 걸림돌이 될지를 파악하는 데 시간을 갖기 위해 속도를 늦추는 것이 필요합니다.
함께 둘러앉아 중요한 주제에 대해 토론을 벌여 동의나 합의에 이르게 하는 것과 같은 사회적이고 언어적인 과정에 많은 초점을 맞추는 민주적 교육과 민주시민교육에 관한 견해들이 있습니다. 이런 방법들을 세계와 만나고 그 세계 속에 머무는 성숙한 방식을 찾기 위해 우리의 욕망을 전환하는 과정에서 도입할 수는 있지만, 정말로 느리게 이뤄지는 민주시민교육은 아이들이 훨씬 더 어릴 때부터, 그리고 많은 언어적 표현 없이도 시작된다는 점을 말하고 싶습니다.

영국의 커리큘럼에서 좋은 사례가 있습니다. 목재와 석재, 금속 등에 대한 기술교육은 '물질 세계의 저항'을 알려 줄 수 있습니다. 이 작업은 이미 민주시민교육의 중요한 부분이라고 여겨지고 있습니다. 여러 소재를 만나는 작업을 통해 우리는 현실적인 한계에 부딪힐 수 있기 때문입니다. 이 작업들은 우리가 학생들이 겪게 해줄 필요가 있는 경험을 제공합니다. 그러한 재료를 사용한 작업은, 우리 욕망 가운데 어떤 것이 우리가 직면한 현실에 '적합'하거나 전환이 필요한 것인지 파악하기 시작하는 기회를 경험하게 합니다.

또한 정원 가꾸기(gardening)는 민주적 교육을 위한 또 다른 훌륭한 영역입니다. 정원 가꾸기에서 **우리는 식물에 대해서 열심히 생각할 수 있지만, 그렇다고 해서 식물을 더 빨리 자라게 할 수는 없습니다.** 식물이 우리에게 실제로 요구하는 것이 잘 자랄 수 있도록 돌봐달라는 것이기 때문에, 정원 가꾸기가 '물질적 저항'을 만나는 작업보다 적어도 처음에는 훨씬 더 좌절감을 주는 만남일지도 모릅니다. 달리 말하자면, 정원 가꾸기에는 우리가 식물에게 바랄 수도 있는 것의 여지가 거의 없습니다. 이런 점에서, 정원 가꾸기는 자신의 욕망을 직면하고 그 욕망을 판단하는 실제적 연습 활동이기도 합니다.
비슷한 얘기를 동물과의 관계에서도 말할 수 있습니다. 민주주의 교육에 관심이 있다면 동물을 교육과정에 포함시키는 것도 좋습니다.

자신이 만들지 않은 세계와 만나고 그러한 세계와 함께하기 위해 제공되는 이러한 모든 만남과 기회는 성숙된 방식으로 세계 속에 그리고 세계와 함께 존재하는 것을 연습할 훌륭한 기회를 제공합니다.
아동과 청소년들에게 기회를 제공하기만 한다면, 동료 학생들과 만남같이 사회적 영역에서도 이것을 연습할 곳이 있다고 말할 수 있습니다. 토론하고 논쟁하는 만남이 아니라, 무엇보다도 우리가 함께 작업하려고 노력하는 만남에서 우리는 우리의 계획이 다른 사람의 계획을 만날 때 어떤 일이 발생하는지 경험할 수 있게 됩니다.
이 모든 것에는 시간이 필요하며, 더 중요하게는 각각 적합한 시간이 부여될 필요가 있습니다. **느리게 가는 과정과 속도를 늦추는 과정으로의 교육이 필요한 이유입니다.**
다시 말하지만, 커리큘럼을 빠르게 마치는 학생을 더 좋은 학생이라고 주장하는 다수의 현대적 교육 견해와는 다른 얘기입니다. 일반 교육이나 민주주의 관점의 교육 모두에서, 이러한 견해는 위험한 실수라고 말하고 싶습니다. **더 빨리 과정을 마치는 학생일수록 자신의 바깥에 존재하는 세계와 진짜 만나고 만남을**

통해 얻을 수 있는 시간을 가질 기회는 더 적어집니다.

7.3 지지(sustenance): 지원과 자양분 제공하기

'개입'과 '지연'에 덧붙여, 교육에는 지원과 양분을 의미하는 아름다운 단어인 '지지'가 필요하다는 말을 하고 싶습니다.

학생들을 세계 쪽으로 '돌아보게' 하고 세계를 향해 나아가게 하는 것이 교육의 과업이라고 한다면, 우리는 학생들이 어려움을 극복하고 세계와 자신 스스로를 적절하게 만날 수 있도록 지원과 자양분을 공급해주어야 합니다. 세계는 학생들이 바라는 모습이 아닐 수도 있고, 그들에게 도전할 수도 있는 어려운 것이기도 합니다.

"우리는 아동과 청소년이 어려움을 견디고 세계와 자신들을 만날 수 있게 하도록 지지와 양분을 제공해주어야 한다."

사회적 과정, 대화, 토론과 논쟁에서, 도전의 수준은 상당히 높고, 지지와 양분은 아주 낮을 수 있습니다. 반면에, 석재, 금속과 목재로 하는 작업이나 정원 가꾸기, 예술적 활동은 세계와 만나게 하면서도 맞춤형 지원을 제공하기도 합니다. 즉,

식물이 자라고 동물이 번성하는 것을 보는 만족감, 만들고 창조하는 것이 가져다주는 즐거움 같은 것이 중요한 지지와 양분들입니다.

8. 학교의 중요성

민주적 교육의 핵심 '원칙들'을 개괄적으로 살펴보면서, 민주주의가 세계 속에서 세계와 함께 존재하려고 노력하는 성숙한 방식을 요구한다면,

1) 교육은 (학생들이) 현실과 개입적으로 만나는 것을 가능하게 하고,
2) 그 만남을 통해 무언가를 '해낼 수 있도록' 속도가 느린 과정을 제공하며,
3) 세계와의 대화 속에 머물고자 노력하며, 어떤 욕망이 도움이 되거나 방해가 되는지 알아내게 함으로써 이 과업을 수행할 수 있다는 것을 보여주고 싶었습니다.
4) 교육은 때로는 힘들기만 한 중간 지대에 머물면서 배움의 기회를 가질 수 있도록 지원과 양분을 제공해야 하며 교사는 이 과정을 기획하고 지원하고 제공하는 역할을 해야 합니다.

이러한 과정들이 자발적으로 발생하는 일은 거의 없습니다. 특히, 아동과 청소년들이 성장하는 '빠른 세계'에서는 이러한 과정들이 자발적으로 일어나지 않을 것입니다. 또 현실적이지 않은 가상의 세계에서도 그런 일이 발생할 것 같지 않습니다.
우리의 욕망에 대해 어려운 질문을 제기하는 데 관심이 없고,

특히 광고를 통해서 경제가 발전할 수 있도록 더 많은 것을 원하고 사야 한다고 말하는 것 같은 세계에서는 그럴 가능성이 희박합니다. '빠르게 움직이고' 한계에 대해 신경 쓰지 말라고 말하는 것과 같은 세계에서는 더더욱 그럴 것입니다. 그러므로 성숙한 아동과 청소년의 세계를 만들어가기 위해서 학교는 다음과 같은 특별한 역할을 해야 할 필요가 있습니다.

** 학교의 특별한 역할과 필요성

1) 속도를 늦추고 도움을 줄 공간

새로운 세대가 속도를 늦추는 데 도움을 줄 수 있는 장소가 필요합니다.

2) 현실을 마주하고 주의를 기울이게 할 공간

우리 자신 밖의 세계의 현실뿐만 아니라 우리 자신의 현실을 마주하기 해 주의를 기울이는 게 가능하기 위한 공간이 필요합니다.

3) 우리의 전능감이 파괴되는 것을 견디는 공간

우리는 우리가 원하는 그대로의 존재가 될 수 없습니다. 그리고 이 점을 인정해야 합니다. 우리는 '집'과 '일과 생산'의 세계 사이에서 이루어지지도 않지만, 이루어질 수도 있는 위치에 존재하는 중간 지대로서 '학교'라고 하는 공간이 필요하기도 합니다.

4) 학교는 훈습과 성숙을 연습하는 공간

학교는 아동과 청소년들이 연습할 수 있게 해 줄 수 있는 장소, 특히 성숙함을 연습할 수 있는 공간입니다.

5) 세계를 만나는, 느린 시간의 공간

학교는 인지적, 지식적 배움의 장소로서의 학교가 아니고, 특히 빠른 학습의 장소나 측정 가능한 학습 결과물 세트를 생산하기 위한 곳도 아닙니다. 다음 세대가 세계를 만나고 세계와 관련해 자신을 만나는 데 느린 시간이 가능하도록 만들어 주는 공간입니다.

6) 민주적 방식으로, 성숙한 존재가 되기 위해 함께 사는 것을 배우는 공간

무엇보다도 지속가능하고 민주적인 방식으로 함께 살고 함께 잘 사는 미래를 경험하고 배우는 공간으로서 학교는 중요합니다.

2부 비에스타와 교사들과의 만남

가르침의 재발견을 통한 교육철학의 중요성
- 강 다 윤 (광명 광일초 교사)

비에스타가 말한 좋은 교육과 우리의 현실
- 정 현 숙 (대구 대실초 교사)

교사 주도성과 교사의 신념
- 구 본 희 (서울 관악중 교사)

교육회복을 위한 철학 탐색 -
코로나 시대의 좋은 교육이란 무엇인가?
- 구 소 희 (인천 삼산초 교사)

교사는 어떻게 용기를 낼 수 있는가?
- 김 진 혁 (전남 장동초 교사)

가르침의 재발견을 통한 교육철학의 중요성

-거트 비에스타의 '가르침의 재발견'을 중심으로-

강 다 윤

(광명 광일초 교사)

1. 국가수준 학력평가

내가 초임 발령을 받았던 2008년에 국가수준 학력평가가 부활되었다. 내가 근무했던 학교에서 첫 시험 이후에 전국적으로 주목을 받을 정도로 많은 수의 기초미달 학생이 선별되었다. 당시 우리 학교의 목표는 기초미달 학생의 수를 '0'으로 만드는 것이었다. 교장 선생님은 수업시간 40분 중 10분만 진도를 나가고 30분 동안은 문제풀이를 시켜 학생들 사이에 치열한 경쟁을 붙이라고 지시하셨다. 학생들의 학력을 끌어올리지 못하는 교사는 사회적 책임을 다하지 않는 것이며 자질을 반성해야 한다는 말을 회의 때마다 하셨다. 나는 2011년과 2012년에 학력평가를 치르는 학년인 6학년 담임이었다. 매주 월요일에 학습 도구함이 꽉 찰 정도의 학습지가 등사실에서 배달이 되어서 쌓였다. 수업 진도는 10분 안에 끝내고 학력평가를 위한 문제풀이를 시켜야 하는데 학생들이 말을 듣지 않았다. 학생들은 떠들고 방해하고 서로 싸우고, 나는 소리 지르고 협박하고 회유하고 애걸했다. 문제 풀이 수업은 잘되지 않았다. 소신이 있어서 그랬던 것은 아닌데 등사실에서 올라온 학습지의 반에 반도 풀지를 못했다. 2012년도 학력고사가 아직도 선명하다. 시험 당일, 평소에도 결석이 잦고 학교에 적응을 잘 하지 못했던 아이가 출석을 했다. 그런데 화를 내며 문제를 풀지 않았다. 나는 왜 오늘 이 아이가 하필 출석을 했을까 생각을 하며 그 아이의 책상 옆에서 문제를 풀어 달라고 사정했다. 그 아이를 집에도 보내지 않고 남겨 못 풀었던 문제를 풀라고 협박도 했다. 결국 그 아이는 답을 다 찍어서 냈다.

시험 결과가 발표되는 날이 되었다. 우리 학교에 기초미달 학생이 두 명이라고 한다. 그런데 그 두 명이 다 우리 반이란다. 나를 위로해주시던 동학년 선생님들의 안타까움과 안도감이 섞인 흥분된 눈빛이 기억이 난다. 신규 교사인 내가 많은 양의 내용을 지도하는 것은 힘든 일이었을 것이라고 격려해주셨다. 다행히 전년도에 비해 미달 학생 수가 줄어서 따로 지적을 받지는 않았다. 그러나 나는 교장 선생님이 퇴임하실 때까지 피해 다녔다.

2. 교육의 목적과 교육철학의 사회적 역할

나는 2012년, 교육이 수단화되는 것을 비판하며 경인교육대학교

교육방법 석사 졸업 논문으로 '교육의 내재적 목적의 실천적 의미 고찰'이라는 제목의 글을 썼다. 학력고사가 부활이 되어 초등학교 6학년 수업이 기출문제 풀이와 모의고사로 잠식되고, 정규 교육과정에 따라 수업을 하는 것이 지탄받고 있다며 고발하듯 글을 썼다. 경쟁과 성취, 자기 주도적 학습으로 포장된 줄 세우기 교육과 외재적 목적에 치우친 교육을 비판하며 교육의 내재적 목적이 무엇인지 고찰하고 그것을 향한 교육을 하자고 주장했었다. 이어서 오우크쇼트 등의 교육철학자들의 이론을 내재적 가치의 개념으로서 소개하고, 모범이 되는 학교의 교육 실천 사례를 설명했다. 이 글을 쓰는 과정은 나에게 치유와 희망의 과정이었다.

그러나 교육의 현실을 비판하고 성찰하는 논문을 쓰면서도, 그 이후로도 계속 해결되지 않는 두 가지 의문이 남았다. 첫 번째 의문은 왜 교육철학은 사회를 비판하고 있지 않은가 하는 것이었다. 교육을 비판하는 글을 쓰고 나서 따라왔던 질문은 사회가 변하지 않는데 교육이 홀로 어떻게 변할 것인가 하는 답답함이었다. '사회'를 더 구체적으로 이름 붙이자면 성적에 따라 가치와 소득이 정해지는 능력주의 사회다. 내재적 목적을 추구하는 교육이 옳은 교육이라면 그것이 아닌 것을 요구하는 사회가 문제가 있는 것이라고 지적해야 한다. 능력주의 사회를 비판하는 서적은 많았지만 능력주의 사회를 비판하는 교육철학 논문들을 찾기가 어려웠다.

두 번째는 내재적 목적을 추구하는 교육의 구체적인 교실의 모습이 '실천적'으로 그려지지 않는다는 것이었다. 모범적인 학교의 사례들은 그야말로 저 먼 곳에 존재하는 이상적인 본보기로 느껴졌다. 내가 지금 여기에서 나의 학생들과 어떻게 해야 하는가가 명확하게 그려지지 않았다. 내재적 가치라는 것은 너무 개념적이어서 내가 그곳을 향해 달려간다고 해서 닿아지는 목적지가 아니었다. 이 모호함에서 오는 불안감 때문에 학력을 책임져야 하는 교사로서의 의무를 소홀히 하고 있는 것은 아닌가에 대한 자책에 빠지기도 했다.

비에스타는 레비나스의 '언급됨(be addressed)'의 개념을 통해 가르침은 어떻게 재발견 되어야 하는지 제안한다. 비에스타가 2016년에 발표한 논문인 '가르침의 재발견: 로봇 청소기의 비유로부터, 비이기적인 교육 그리고 해석학적 세계관의 한계'[15] 속에서 교육의 사회 비판적 기능, 이상적인 교육의 실천적 시사점을 찾을 수 있었다. 아래의 세 장에서 간략히 비에스타의 '가르침의 재발견'을 소개하고 글의 의미를 나누고자 한다.[16]

2.1 전통적인 교육의 비판에 관한 재고

'가르침의 재발견'은 가르침과 배움에 관한 글이다. 따라서 가르침이 비판받아 온 자취를 되돌아볼 필요가 있다. 교사가 강의하고 학생들이 정보를 수동적으로 흡수하는 전통적인 '가르침'은 시대에 뒤떨어진 것이며, 개별 활동과 토론으로 학생들의 '학습'

---

15) Gert Biesta(2016). The Rediscovery of Teaching: On robot vacuum cleaners, non-egological education and the limits of the hermeneutical world view.
16) 앞으로 진행될 세 장은 비에스타의 2016년 논문을 번역하고 요약한 것으로 출처를 밝힘.

을 촉진시키는 교육은 보다 현대적이고 바람직하며 미래지향적이라는 논의가 진행되어 왔다. 후자는 학습자 중심교육, 배움 중심 교육 등으로 소개되고 권장되어 왔다.[17] 그러나 비에스타는 전통적 가르침에 대한 비판이 실제로 얼마나 전통적인지를 생각할 필요가 있다고 주장한다. 왜냐하면 교사가 말하고 학생들이 조용히 앉아 있는 교실에서도 실제로 많은 일들이 학생들 안에서 일어나고 있기 때문이다. 학생들은 강의를 들으며 지루해 할 수도 있지만 감동을 받을 수도 있다.

비에스타는 권위주의적 형태의 '가르침'에 대한 유일한 해법이 가르침의 폐기와 '학습'으로의 전환이라고 논의되는 이분법적 구성의 형태를 지적한다. 점진적인 노선을 따라 가르침과 교사에 대한 이해를 재구성하는 세 번째 선택은 거의 고려되지 않는다는 점을 주목한다. 필립 메리외(2007, p. 84)가 말했듯, 자유는 권위의 반대나 권위로부터의 도피가 아니라, 우리 삶에서 권위를 가질 수 있는 것과 성숙한 관계를 수립하는 것과 관련이 있다. 이 관점으로 교육을 들여다보면, 전통과 진보를 떠나 완전히 다른 접근을 시도할 수 있다.

전통적 교수법에서 학생은 결코 그 자체로 주체가 아니다. 프레이리가 은행식 교육을 반대하는 이유이기도 하다(Biesta & Stengel, in press 참조). 그러나 비에스타는 해석(interpretation)과 이해(comprehension)의 행위로 세계를 이해하는 '학습'의 방법으로 이

---
[17] 비에스타는 학습자 중심교육, 배움 중심 교육의 의미로 '학습으로의 전환'이라는 표현을 사용하고 있다.

문제를 극복할 수 있다는 제안도 실패했다고 주장한다. 이 주장을 뒷받침하기 위해 '로봇 청소기'의 비유를 소개한다.

2.2 로봇 청소기에 관하여, 해석학적 세계관의 한계

로봇 청소기의 흥미로운 점은 무엇보다도 방을 탐색하는 작업을 자율적으로 수행할 수 있다는 것이다. 더 흥미로운 점은 시간이 지남에 따라 작업을 수행해야 하는 특정 방에 지능적으로 적응할 수 있기 때문에 점차 더 효율성이 증대된다는 것이다. 패턴이 처음에는 무작위적이지만, 정확하게 프로그래밍된 특정 알고리즘에 의해 유도되어 시간이 지남에 따라 작업을 수행해야 하는 상황에 조정된다. 여기서 우리는 로봇 청소기가 학습할 수 있다고 말할 수 있으며, 지능적으로 환경에 적응하는 것을 볼 수 있다. 다양한 방에 적응한 로봇 청소기가 새로운 방에 더 효과적으로 적응할 수 있다고 가정할 수도 있다.

비에스타는 로봇 청소기의 비유가 오늘날 지배적인 교육적 담론에 대한 상당히 정확한 그림을 제공한다고 본다. 이것은 교육을 학습자 중심의 노력으로 보는 교육 현실의 모습을 그려낸다. 궁극적으로 학습자가 자신의 이해와 기술을 구축하는 것이며, 교사의 주요 임무는 그러한 과정이 일어날 수 있는 준비를 제공하는 것이다. 이 상황에서 교사는 아무것도 전달하지 않고 학생들의 학습을 용이하게 하기 위한 학습 환경만을 설계한다. 학생들은 수동적 흡수가 아니라 능동적 적응 구성에 참여하며, 이를 통해 미래 상황에 더 잘 적응할 수 있는 기술과 역량을 습득한다. 이것은 교육과정의 위치와 의미를 변화시킨다. 여기서 교육과정은 전달되고 습득되는 내용으로 존재하지 않고, 학생들이 개인화된 방식으로 목표를 달성하게 하는 일련의 유연한 '학습 기회'로 재정의된다.

비에스타는 이것을 해석학적 세계관이라고 부를 것을 제안한다. 이것은 해석과 이해의 행위를 통해 세상과 사회적 관계를 맺는 존재 방식이다. 해석학적 세계관은 항상 저 바깥세상을 나에게로 되돌리는 것을 목표로 하는 내 이해 행위에 대한 것이다. 그러한 이해와 해석적 행위에서, 세계는 우리의 감각 형성, 이해 및 해석의 대상으로 나타난다. 또한 해석학적 세계관의 토대 위에 지식과 의사소통에 대한 이해뿐만 아니라 윤리, 정치, 교육에 대한 이해를 구축한다고 단언할 수 있게 된다. 그러나 잠시 멈춰서 해석학적 세계관이 불가피한 것인지 곰곰이 생각해 볼 것을 제안한다. 이 세계관의 테두리 안에서 상상할 수 없는 것을 물어봄으로써 말이다.

비에스타는 통제 중심의 가르침에 대한 비판으로 학습으로의 전환이 시작되었다는 것을 설명하면서, 의미 형성자로서의 학습자도 의미를 만드는 학습 과정에서 주체로 나타날 수 없다는 동일한 문제를 겪는다는 것을 누차 강조한다. 변화하는 환경 조건에 적응하는 과정에서 자아는 자신이 적응하고 조정하는 환경에 대해 대상(객체)으로만 남아 있다고 설명한다. 로봇 청소기의 비유에서 로봇 청소기는 당면한 문제에 적응하고 있는 대상으로 '잡혀' 있는 것이다. 비에스타는 현대의 교육 담론이 얼마나 생존에 관한 것인지 알게 되는 것은 놀랍다고 지적한다. 예를 들면 교육은 학생들은 알 수 없는 미래에 살아남을 필요가 있다고 주장하면서 학습을 강조한다는 것이다. 그 미래는 결코 자아가 존재할 수 있는 가능성을 만들지 않는다. 이러한 교육 환경에서 결코 떠오르지 않는 질문은, 자아가 적응하고 있는 환경이 온전한 의미에서 좋은 곳인가 하는 것이다.

2.3 가르침의 재발견

비에스타는 레비나스가 해석학적 세계관을 비판하며 설명한 '열림'의 의미를 소개한다. 우리의 주체성은 해석과 적응의 행위를 통해 '내부'에서 구성되는 것이 아니라는 것이다. 주체성은 '외부'에서 온다. '외부'는 나의 내재성의 중단, 나 자신의 존재, 의식의 중단 또는 분열이다. 이것은 내가 다른 사람을 해석하는 순간도 아니고 다른 사람의 말을 듣는 순간도 아니며(Biesta, 2012b 참조), 다른 사람이 나를 이해하는 순간도 아니다. 그것은 오히려 내가 타자에 의해 언급되는 순간이고, 레비나스의 말에 따르면 타자가 내 안의 고유한 것을 부르는 순간이다. 이 언급됨의(be addressed) 사건이 우리에게 가르침과 가르침의 경험에 대해 완전히 다른, 훨씬 더 중요한 설명을 제공하고 있다. 언급됨의 사건에 비추어 우리는 지능적 적응 시스템에 대한 생각을 재고해 볼 수 있다. 로봇 청소기의 비유는 결론적으로 교육이 지향해야 할 방향에 대한 이미지를 그려내지 못한다. 앞서 언급한 바와 같이 그러한 시스템은 학습하고 적응할 수 있다. 그러나 그들의 세계에서 일어날 수 없는 바로 그 '일'은 언급되는 사건, 즉 가르침을 받는 사건이다. 요컨대 그러한 시스템은 학습할 수는 있지만 가르쳐질 수는 없다.

여기서 우리는 가르침에 대해 완전히 다르게 설명해 볼 수 있다. 가르치는 것은 학생의 자기중심주의를 방해함으로써 학생의 주체성을 불러일으키는 것이다. 이것이 바로 우리의 욕망을 방해하고 우리의 욕구를 방해하며 우리를 우리 밖으로 끌어내는 가르침이다. 이 감각은 우리를 이기적인 욕망으로부터 자유롭게 한다. 그것은 우리가 원하는 것이 실제로 바람직한지, 우리가 무엇과 누구와 함께 살고 있으며 그 삶이 모두에 대해 실제로 바람직한가에 대한 질문을 도입함으로써 우리를 자유롭게 한다.

3. 교육철학의 사회적 역할과 가르침의 실천적 제안

글의 서두에 교육의 내재적 목적을 실천하기 위한 나의 노력에 두 가지 해결되지 않은 문제가 있다고 언급을 하였다. 첫 번째는 교육철학이 더 적극적으로 사회 비판적 역할을 해야 한다는 갈망이었고, 두 번째는 내재적 목적을 향한 교육이 실천적 제안으로서 받아들여지지 않는다는 것에 관한 안타까움이었다. '가르침의 재발견'을 번역하고 강독하는 과정에서 10년간 품었던 문제를 해소할 수 있었다.

교육철학자로서 비에스타는 '교육=학습'이라는 공식을 강요하는 사회의 민낯을 꿰뚫어본다. 어느 순간 우리 교육은 가치 있는 것을 측정하려 하기보다는 측정 가능한 것만을 교육하려 하기 때문에 증거와 사실에 기반한 교육 정책만이 넘쳐난다는 것이다.[18] 비에스타는 측정 가능성을 기반으로 만든 교육이 의미 있게 작동할 수 있을 것인가에 대한 물음을 던진다. 이것은 학습과 학습자에 초점을 맞춘 교육이고 자기 인생의 책임은 오로지 자기에게 있다는 무한경쟁의 신자유주의 사회의 모습을 그대로 반영한다(김원석, 2021). 비에스타는 이 사회와 교육을 비판하며 가르침의 재발견을 제안한다.

배움과 학습이 넘쳐나는 시기에 가르침의 역할은 언급됨의 사건, 즉 개입을 통한 '잠시 멈춤'이다. 외부의 가르침을 통해 내가 바라는 것이 우리 모두를 위해 바람직한지, 우리가 무엇과 누구와 함께 살고 있으며 그 삶이 모두에 대해 실제로 바람직한지에 대해 잠시 멈추고 질문을 던짐으로써 우리를 자기중심주의로부터 해방시킨다. 이것은 교육이 공동체를 향해 관심을 넓히는 적극적이고도 참여적인 가르침을 주어야 한다는 것을 의미한다. 비에스타는 능력주의 사회에 비판적인 물음을 던진다. 이와 함께 비에스타는 교육철학이 사회를 위해 어떤 역할을 해야 하는가

---

18) Gert Biesta(2010). Good education in an age of measurement. 김원석(2021). 거트 비에스타의 질문: 무엇을 위한 교육인가? 강의 자료.

에 대한 영역을 확장한다.

비에스타의 글은 '가르침'에 대해 정의를 내리고 있기 때문에 그 자체로 실천적이다. 내가 가르친 학생들을 되돌아보면 학생들이 교실에서 더 많이 배워간 것은 내가 가르친 '내용'이 아니고 '나(교사)'였다는 것을 느낀다. 학생들은 나를 배워가고 싶어 했다. 학생들은 내가 주제를 설명하는 태도, 나의 판단, 내가 보여주는 감정, 내가 중요하다고 생각하는 가치 등을 배워갔다. 학생들은 학교에서 교사를 만나 관계를 맺고 싶어 했던 것이다. 나를 통해 중단되고 방해받으며 세상과 연결되고, 내가 연결된 세상인 옳은 곳인가를 질문하고 탐색하고 싶어 했다. 10년 전 나의 논문의 문제는 그 개념적인 글들에 '가르침'의 장면이 빠져 있고, 교사로서의 내가 빠져 있었던 것이 아니었나 싶다. 의미 있는 타자로서 학생에게 언급되는 경험을 주고, 학생을 밖으로 끌어내는 가르침을 주어야 한다. 이것이 내가 글에서 발견한 실천적 가르침의 모습이다.

결론적으로 교사로서의 나의 역할은 교육의 외재적 목적, 내재적 목적, 전통적 교육, 미래지향적 교육 담론의 차원을 넘어서 학생들의 '얼굴'을 마주하는 것이다.[19] 그것은 학생들에게 가르침의 경험을 주는 것이다. 가르침의 경험은 언급됨(be adressed)를 통해 가능하다. 언급되는 경험을 통해 이기적 세계관에서 해방되어 함께 살아가는 사회의 문제에 참여할 수 있다.

---
19) 비에스타는 레비나스의 '얼굴의 현현'에 영감을 받았다고 논문에 기술하고 있다.

가르침을 받는 것과 학습하는 것의 차이를 알아가는 것, 이것이 '가르침의 재발견'이 주는 교훈이다.

비에스타는 이러한 교육은 본질적으로 불확실한 어떤 것이기 때문에 근본적으로 취약하다고 말한다.[20] 비에스타는 이 시대의 교사들에게 '교사들은 운명적으로 이러한 불확실성을 견뎌내는 사람들이다'라는 메시지로 위안과 용기를 주고 있다.

---

20) Gert Biesta(2014). The beautibul risk of education. 김원석(2021). 거트 비에스타의 질문: 무엇을 위한 교육인가? 강의 자료.

비에스타가 말한 좋은 교육과 우리의 현실

- 거트 비에스타의 '교육의 유익을 구성하는 것은 무엇인가?'를 중심으로 -

정 현 숙

(대구 대실초 교사)

코로나 19로 인한 온라인 개학

2020년 2월, 대구에서 새로운 도시 안산으로 2년간 파견근무를 하게 되었다. 새로운 교육청에서 새로운 교육에 대한 걱정과 기대가 공존했는데 나는 생각지도 못했던 복병과 마주했다. 코로나 19. 학교 출근과 이사로 인해 2번이나 격리를 실시했고 이로 인한 나의 두려움은 거의 공포 수준이었다. 이러한 공포는 우리 모두에게로 이어져 교직 생활 28년 만에 3월 등교를 하지 못했다. 그 준비기간 동안 불안해진 학부모들을 위해 매일 상담을 실시했고 학부모들의 공포감은 학생들의 건강 우려로 인해 개학을 하지 않는 건 아무런 문제로 삼지 않았다. 그리고 학교에서 우리는 어떻게 하면 온라인망을 구축할 수 있을까? 모든 아이들이 온라인 접속을 할 수 있도록 하기 위해 학생들의 스마트 기기를 살피고 구축하였으며 교사들의 정보통신기기 활용능력 향상 교육과 온라인 수업 역량 증진에 모든 노력을 기울였다.

계속된 보이지 않는 전쟁과 같은 공포 속에서 우리는 대안을 찾았고 4월이 넘어서 사상 초유의 온라인 등교를 시작했다. 교육관계자들과 관계된 글로벌 기업들의 협업으로 온갖 스마트 기기들이 학교에 장착되었고 디지털 기반 교수학습 방법 연수는 쏟아졌으며 학교는 빠른 시간 안에 온라인 학습을 위한 기반을 다져나갔다.

나 또한 코로나 19와 함께 급속히 들어온 온라인 학습으로 인해 대부분의 교사들처럼 나도 디지털 리터러시 향상에 전력을 다했다. 혹시나 뒤처질세라 성능 좋은 카메라를 구하고 디지타이저는 뭘 써야 할지, 어떤 학습방법을 사용해야 학생들이 접근성이 뛰어날지, 어떤 화상시스템을 쓰는 게 학생들의 흥미를 높일 수 있을지 등등. 결국 코로나 19시대 초창기 교육은 교육의 내용보다는 온라인 학습이라는 새로운 환경에 적응하는 데 교사나 학생들의 에너지가 소비되었다.

열심히 최선을 다해 다른 사람들보다 빠르게 아니 뒤처지지 않게 속도를 따라잡으려 노력하다 순간 나는 어디를 향해 가고 있는가, 라는 물음에 다다랐다. 새로운 기기, 새로운 학습 방법, 온라인상에 이용될 만한 다양한 사이트를 익히는 가운데 나는 얼마만큼 나의 아이들을, 학생들의 삶을 생각했는지 되돌아보니 교사 중심에서 나의 실력 키우기에 급급했지 정작 교사에게, 교육에 중요한 학생을 세워두지 않았다.

교육에서 가장 중요한 존재는 학생이다. 학생들이 어느 방향으로 어떻게 나아갈지에 대한 도움을 학교와 그 안에 속해 있는 교사, 그리고 부모가 주는 것이다. 학생을 등장시키지 않고, 그 학생들을 위해 교육을 좋은 것으로 만드는 것에 대한 성찰과 고민 없이 교육입안자들 사이에는 한동안 핀란드 교육 열풍이 불어닥쳤다. 2013년 학습연구년제로 연수를 실시할 때 열풍의 중심지 핀란드로 연수를 떠났었다. 학교를 방문하여 그 학교들에서는 어떤 학습을 하고 있는지, 어떤 교육 방법을 선택하고 있는지 열심히 공부한 적이 있었다. 그렇게 핀란드 열풍이 불어닥친 한가운데에는 핀란드가 바로 국제 학업 성취도 평가(PISA)에서 1등이라는 것이 있었다. 나를 포함한 연구교사들 모두 어떻게 핀란드식의 교육으로 pisa 1등을 할 수 있었는지, 핀란드 교육의 어떤 점이 1등으로 만들었는지에 대한 관심이 컸던 것이지, 핀란드 교육이 어떤 점에 집중을 하는지 핀란드 교육의 어떤 점이 학생들을 좋은 방향으로 나아가게 하는지에 대한 관심은 아니었다.

이 두 가지는 아주 미묘한 차이를 가진다. 이에 대한 문제 제기를 바로 비에스타가 하고 있었다. 과연 효과적인 교육은 좋은 교육인가에 대한 교육적 대화를 제시한 것이다. 2019년 Michael A. Peters[21]와 2020년 gert biesta[22]가 교육철학과

---

21) Michael A. Peters(2019). Educational Philosophy and Theory
22) Gert Biesta(2020). Educational Philosophy and Theory

이론 저널에 좋은 교육이란 무엇인지에 대해 서로 묻고 답하는 글을 기재하였는데 이는 나의 방향성을 찾는 데 큰 도움이 되었다.

1. 측정가능 교육

앞서 언급했듯 거트 비에스타는 교육의 목적에 대한 심도 깊은 논의 없이 측정가능 교육이 정치 포퓰리즘과 글로벌 기업이 결합하여 학습과 교육에 대한 논의 없이 교육 측정 산업이 발달하여 온 것을 비판하고 있다. 이런 측정가능한 교육은 효과적인 교육으로 나타나고 이것이 바로 좋은 교육이라는 인식을 심어주어 많은 기업과 학교에서는 이런 효과적인 교육이 좋은 교육이 되어 이루어지고 있다.

그런데 문제는 이러한 측정가능 교육이 외부가 아닌 바로 교육 내부에서 새로운 형태의 통제를 가져온다는 것이다. 우리는 더 많은 정보와 더 많은 모니터링, 더 많은 데이터는 더 나아질 거라는 기대를 하지만 실제 현장에서 그러한 것들은 새로운 통제로 나타나는 경우를 많이 본다. 2020년 온라인 학습으로 인해 급부상한 e-학습터를 살펴보자. 학습터에 콘텐츠를 올려 놓으면 학생들은 출석하여 학습을 하고 과제를 시행하여 과제방에 올린다. 그 과정에서 대부분의 교사들은 학생들이 출석을 했는지 과제를 시행했는지에 더 관심을 갖는다. 이것은 학생들의 학습만 이행하면 된다는 막연한 생각이 교사들을 사로잡고 있다. 많은 교사들이 학생들이 보는 콘텐츠를 통해 어떤 방향으로 나아갈지에 대한 생각은 간과하고 있다. 교육 입안자들의 교육 시스템을 비판하면서도 정작 현장의 교사들조차도 학생들을 각종 통제 시스템으로 조정한다.

비에스타는 학교 교육 또는 교육 시스템이 교육받는 학생들이 주체 또는 주체가 될 수 있는 방식에 얼마나 기여하는지에 대해 묻는다. 비에스타는 교육의 목적을 세 가지(자격화, 사회화, 주체화)로 규정하였으며 이 중 소홀히 다루어지는 학생들 자신의 삶, 주체화에 대한 대화를 하는 것이 중요하다고 본다. 교육에서 주체화의 문제를 끌어온 것은 2차 세계대전을 겪은 철학자들의 영향을 많이 받았다. 삶의 가치란 타인과 관계 맺고 소통하는 일체의 행동(Hannah Arent, 1977)[23]이며 인간의 존엄성은 주관으로 살아 있어야 가능하다는 아도르노의 외침(Adorno, 1971)[24]과 연결하여 교육을 받는 당사자인 학생들이 스스로 삶을 영위할 수 있는 자유를 보호해야 한다고 주장한다.

---

23) Arendt, H. (1977 [1961]). The crisis in education
24) Adorno, T.W. (1971). Erziehung zur Mündigkeit. Vorträge und Gespräche mit

2. 교육적으로 밀어붙이기

세 가지 교육적 목적 중에서 교육적 우위점을 명확히 하려는 것은 그렇지 않으면 비대해진 글로벌 교육 측정 산업으로 인해 필수불가결한 것이다. 교육을 사회의 단순한 한 기능으로 볼 때 효과적인 교육이 좋은 교육이 되어 버리는 것을 방어할 수 없다. 경쟁력 있는 지식 기반 사회를 위해 미래에 필요한 기술들을 모든 학습자에게 제공하는 것을 목표로 하면서 정작 그것이 우리가 마주하게 될 모든 것인 모든 사람에게 요구되는지 여부에 대한 질문에는 관심을 갖지 않는다.(Biesta, 2015)

같은 맥락으로 '포스트 코로나는 방향이 아닌 속도이다(김난도 외, 2021)'라는 사회 전반에 걸친 혁신 요구는 교육계에도 이어져 새로운 것에 대한 집착으로 이어지고 경제와 기술 발전에 교육계가 자격지심이라도 있는 것처럼 변화에의 속도를 내기 위해 노력하고 있다. 이는 한국에서도 혁신이라는 이름을 달고 개별맞춤형 학습, 혼합학습, 협력학습, 크로스 오버러닝학습[25] 등의 새로운 이름으로 끊임없이 만들어지고 있다. 이러한 것들이 현재 이루어지고 있는 교육 속에서 새로운 것들이 받아들여졌을 때 실제 어느 정도 필요한 것인지의 충분한 시간적 노력을 투여하지 않은 채 새로운 것에 대한 맹신적 집착이 이어지고 있다고 볼 수 있다.

---

[25] 한국교육과정평가원(2016). 제4차 산업혁명, 학교교육을 어떻게 변화시킬까?

이러한 시점에서 교육적 우위점을 정해 문제를 제기하지 않는다면 교육을 학습으로 단순화하고 발달한 시대의 온갖 기술로 무장한 시스템으로 기술 습득을 시키고 그것이 효과적인 교육이며 좋은 교육으로 변질된다고 해도 우리는 방어할 방법이 없다.

3. 교육의 목적-자격화, 사회화, 주체화

잠시 교육의 목적으로 돌아가 보자. 비에스타는 교육의 목적을 세 가지 기능으로 본다. 여기에서 주체화에 가장 주목하는 이유는 자격화와 사회화가 필요 없다는 것이 아니다. 현대의 교육에서 효과적인 교육에서 가장 잘 드러나는 것이 자격화이고 자격화에 대한 교육은 가장 잘 이루어지고 있다고 보아도 무방하다. 또한 정체성 함양 및 각종 사회 구성원으로서 살아가야 할 덕목에 대한 것들도 잘 이루어지고 있다. 문제는 주체화와 관련된 것인데 사실 한 개인의 삶에서 주체화 교육이 가장 중요함에도 우리는 시간 부족과 그 모호성 및 다양한 것들로 인해 가장 중요시해야 할 주체화 교육이 가장 소외되는 현실이다.

주체화로서의 교육에서 자유가 핵심인데 이 자유는 하고 싶은 것을 할 수 있는 자유가 아니라는 것을 아는 것이 중요하다. 자기파괴와 세계파괴의 중간 지대에서 끊임없이 타인과 타협하며 성숙한 존재로 설 수 있도록 하는 교육, 바로 주체화 교육이다.

이를 위해서는 중단, 유예 같은 시간을 필요로 하는데 이것은 빠름과 효과를 중시하는 현대 교육과 괴리감이 있다.

4. 좋은 교육이란 무엇인가?

알파고 쇼크가 불을 붙이고 코로나 19가 급발진시킨 새로운 기술, 방대한 데이터를 바탕으로 개별 알고리즘을 찾아주는 측정에 따른 효과가 바로 드러나는 이런 현대교육이 좋은 것이라고 할 것인가?

교육혁신이론에서 마이클 피터스는 소셜 미디어[26])에 기반한 집단 지성의 등장, 이를 기반으로 한 디지털 미디어와 개방운동은 교육 혁신 이론이라 지칭하고 이것이 교육에 유익하다고 이야기했다. 이에 비해 소셜 미디어에 대한 비에스타의 접근은 긍정적이지만은 않다. 실제 소셜 미디어의 긍정적 기능 이면에 인종차별, 신나치즘, 가치와 무관한 알고리즘, 그리고 민주적 풀뿌리 운동이 아닌 '정치인은 대중에 아부하고 대중은 그런 사람을 선택'한다고 한 오르테가 가셋이 말한 '대중'[27])의 위험이 도사리고 있다.

좋은 교육이 무엇인지에 대한 끊임없는 탐구와 토론이 필요한

---

26) 웹 2.0 기술에 기반한 사람과 사람의 관계를 지향하는 서비스(눈, 위키 등 참여 공유의 특징)
27) Ortega y Gasset'.(1930). 대중의 반역

이유는 여기에 있음을 비에스타는 강조하고 있다. 우리가 이런 좋은 교육에 대한 담론을 놓치는 순간 새로운 세력이 들어오는 것을 걱정하고 실제 우리는 역사 속에서 계속 확인하였다. 그러므로 교육을 교육적으로 만드는 것이 무엇인지 좋은 교육에 대한 끊임없는 우리의 성찰을 요구한다.

5. 좋은 교육을 위한 교사의 역할

좋고 나쁜 교육은 없다? 있다. 조직이나 국가와 사회의 성장이 가치가 있을 때는 그 성장을 위해 구성원이 어떤 역량을 구비하게 하느냐는 것이 좋은 교육이라고 믿었다. 이제 성장보다는 분배 또는 집단적, 권위에 의한 목표보다는 한 인간으로서 주체성의 회복이 중요한 가치로 등장하는 시점이다.(원래부터 교육에서 인간 본연의 자유와 주체성은 중요했으나 소홀히 대해진 것이 사실이다) 그렇다고 해서 그간의 성장중심 능력주의적 배경에서 진행되어온 교육은 무가치하거나 잘못된 것으로 치부되는 것도 곤란하다고 본다. 결국 식상하겠지만 가장 중요한 균형과 조화라는 결론을 말할 수밖에 없다.
균형을 갖추는 방법은 기울어진 부분을 의도적으로라도 강화해서 전체 균형을 갖출 것이냐 아니면 점진적으로 개선해 갈 것이냐는 속도의 문제만 남는다. 교육이 위에서 언급한 3가지 측면에서 균형적으로 진행되어야 한다는 총론에 인식을 다르게 하는 사회적 주체는 없을 것이다. 속도가 빠르면 급진적이라 하고, 느리면 퇴보할 것이라고 겁박하지만 그 속도를 조절하는 과정에서 누군가는 너무 앞서서 손해를 보고 또 누군가는 너무 느려서 불이익을 당하는 일이 없어야 한다. 그 중심을 잡아주고 제시하는 것이 교사의 자그마한 역할이라고 믿는다.

옛날 너무도 좋아했던 책 '꽃들에게 희망을'에서 이유도 목적도 없이 기둥을 타고 오르던 줄무늬 애벌레가 떠올랐다. 무한 경쟁에서 이겨내고 기둥의 정상에 오른 애벌레는 또 다른 허무한 탑의 꼭대기를 보았다. 하지만 힘든 시간을 견뎌낸 노랑 애벌레는 노랑나비가 되어 치열한 경쟁 속 줄무늬 애벌레가 스스로의 길을 선택하게 하고, 그를 멋진 나비로 거듭나게 한다. '좋은 교육'이라는 네 글자 속에 우리가 마주하는 학생들이 노랑나비가 되든, 호랑나비가 되든 자신을 색깔을 갖고 세계라는 꽃에 희망을 줄 수 있게 하자는 것이 담겨있지 않을까? 생각해 본다.

 그리고 나는 순간순간 최선을 다하고 마음을 다해 학생들을 만나는 것이 중요하다는 생각이 이번 과정을 통해 얻게 된 소득이다.

교사 주도성과 교사의 신념

구 본 희

(서울 관악중 교사)

1. 학습자 주도성과 교사 주도성

학생 주도성(Student Agency)이라는 말을 들었을 때 참신했다. 평가와 관련된 원서를 읽다가 피드백을 할 때에는 반드시 학생 주도성이 보장되어야 한다는 이야기를 읽으면서 이 Agency가 뭘 의미하는 걸까 궁금했었다. 곧 OECD 2030 나침반이 나왔고 많은 사람들이 훨씬 자주, 편하게 학생 주도성이라는 말을 썼다. 내가 가르치는 학생이 이렇게 되려면 어때야 하나 고민하면서 다양한 점검표와 루브릭을 만들어 수업에 이용하기도 했다. 그러다 우연히 '학습자 주도성, 미래 교육의 거대한 착각'[28](남미자 외, 학이시습)이란 책을 보게 되었다. 이 책은 한동안 잊고 있던 철학적인 논의를 다시 생각나게 해 주었다.

'역량'(competency)이라는 말에 대해 마사 누스바움은 '역량의 창조'에서 capability라는 단어를 쓰자고 제안했다. OECD를 중심으로 이야기하는 역량(competency)은 효율적으로 직업 세계

---

[28] '학습자 주도성의 교육적 함의와 공교육에서의 실현 가능성 탐색' (남미자 외, 경기도교육연구원)이라는 논문을 책으로 다시 낸 것이다.

에서 제 기능을 할 수 있다는 경제적인 개념이 더 크기 때문에 본성에 내재되어 있는 것을 발현한다는 의미의 capability를 쓰자는 내용이었다. 이 '학습자 주도성, 미래 교육의 거대한 착각'에서도 비슷한 논의를 전개한다. 우리가 흔히 이야기하는 학습자 주도성은 학생이 자신의 학습을 온전히 책임져야 한다는 것으로 이러한 생각은 '미래 교육의 착각'이라는 것이다. 학습자 주도성은 자신이 지닌 역량(capability)을 발현(agency)하여 학습자의 고유성을 드러내는 것인데 이는 반드시 교육적 개입이 필요하다고 보았다. 그러면서 비에스타의 논의를 끌고 왔다. 학생이 학습자 주도성을 제대로 발현하기 위해서는 교사의 개입이 필요하다는 것이다. 그렇다면 교사의 교사 주도성도 매우 중요하지 않을까 싶었다. 때마침 '교사 주도성에서 신념의 역할'이라는 논문을 읽게 되었고, 궁금한 것을 조금은 해소할 수 있었다.

2. 논문의 배경

이 논문은 교사와 가르침: 이론과 실제(2015년, 21권)에 실린 글로 거트 비에스타가 마크 프리스틀리, 사라 로빈슨과 함께 쓴 글이다. 스코틀랜드에서는 2010년 단위 학교와 교사에게 광범위하게 자율성을 부여하고, 교육 내용과 방법 변화에 따른 체제 개혁을 골자로 하는 Curriculum for Excellence를 도입했다.[29] 이로 인해 스코틀랜드 교육 현장은 교사 간 협업과 전문성 신장을 위해 노력하면서 연수 참여가 증가했다. 단위 학교 차원에서 교과 간 교육과정 개발을 위해 노력하고, 교수 학습 및 평가에 있어서 학생 중심 수업으로 전환을 위해 노력하는 모습을 볼 수 있었다. 그러나 이 교육과정에 대해 교사들은 올바른 방향이지만 자기 교과 외 범교과적 접근 방법에 대해 자신감 부족을 드러냈으며 역량에 초점을 둠으로써 지식 영역이 사라진다고 우려하기도 했다. 이에 대한 보완 사항으로 명확한 가이드라인 제시, 교사 업무 부담과 사기 저하, 자신감 결여에 대한 대책, 전문적 학습 공동체와 협업의 필요에 대한 논의가 있었다. 비에스타 외 두 사람은 이 대규모 교육 개혁을 배경으로 스털링대학교에서 초중등 학교에서 교사, 교장들을 면담하며 2년 동안 교사 주도성에 관한 연구를 진행하였으며 이 중에서 특히 교사의 신념에 초점을 맞추어 이 논문을 썼다. 그들은 교사의 신념이 교사의 주도성과 업무에서 중요한 역할을 한다고 하면서 교사 개인의 신념이 제도적 담론과 일치하지 않고, 교육의 목적에 대한 비전이 부족한 것은 개인의 문제라기보다 교사 주도성을 촉진하는 데는 집단적인 발전이 필요하다는 것을 보여준다. 영국이나 미국의 교육 관련 책을 보면 교육의 질을 어느 정도 유지하겠다는 명목으로 꽤나 자주 대규모 시험을 본다는 것을 알 수 있다. 그런데 교사 주도성 이야기를 한다는 것은 교사들의 전문성을 인정하는 경향이 나타나고 있다는 걸 보여준다. 이 논문은 교사 주도성의 개념과 이를 이론화하는 방법적 논의에

---

29) 이하 스코틀랜드 교육과정에 대한 내용은 교육과정 평가원의 '2012년 교육과정 교육평가 국제동향 연구사업 [영국 4월 교육동향]'에서 참고하였다.

대해 언급한 후, 교사 주도성에서 신념이 어떤 역할을 하는지를 찾아보려 했다. 특히 교사의 신념을 다음 세 가지에 초점을 맞추어 이야기했는데 그것은 1) 어린이와 젊은이들에 대한 신념 2) 가르치는 것에 대한 신념 3) 교육의 목적에 대한 신념이다. 마지막으로 교사 주도성에서 신념이 어떤 역할을 하는지 제시했다.

3. 교사 주도성의 이론적 배경

주도성에 대한 이론은 많지만 교사 주도성에 대해서는 명시적인 연구나 이론은 거의 없다고 한다. 주도성이 사회적인 것이라는 내용을 바탕으로 비에스타의 관심은 **주도성이 현상적으로 어떻게 드러나는지와 주도성이 어떻게 이루어지는지**에 있다. 주도성은 사회적 환경 '안'에서 발휘된다기보다 환경에 '의해' 발휘된다는 것이다. 또한, 주도성은 사람이 '가질' 수 있는 것이 아니라 **'하는' 것**이고, 어떤 자질이라기보다 이를 행하는 사람이 얼마나 참여하는지 **'참여의 질'**과 관련 있다고 보았다.

이 논문에서 비에스타는 주도성의 개념을 에미르바이어와 미쉐의 이론[30]을 바탕으로 전개했다. 그들은 주도성을 설명하는 데 행동의 패턴이 이루어지는 (과거로부터 영향받는) **일상**과, 주도적 행동을 이끄는 (미래에 대한 지향인) **목적**, 그리고 상황에 참

---

30) Emirbayer, M., & Mische, A. (1998). What is agency?, American Journal of Sociology, 103, 962-1023

여하는 (현재에 참여하는) **판단**에 초점을 두었다. 주도성은 일상(과거_반복적 차원), 목적(미래_투사적 차원), 판단(현재_실제적 차원)의 세 차원에서 역동적으로 상호작용 속에 다양하게 나타난다는 것이다.

주도성의 '반복적 차원'은 **과거**로부터 이어 온 사고와 행동의 패턴을 행위자가 선택적으로 재활성화시키는 것이다. 이를 통해 행위자는 사회에 통합되고 상호작용, 제도를 유지하는 데 도움을 준다. '투사적 차원'은 **미래**에 대한 희망, 욕망과 관련한 상상력을 만들어내는 것을 포함하며 창조적으로 재구성될 수 있다. '실제적 평가 차원'은 **현재** 변하는 상황에 대응하여 실질적이고 규범적인 판단을 내리는 것이다. 에미르바이어와 미쉐의 분석은 주도성의 '맥락과 구조'를 강조하면서 시간이 지나면서 행동이 변하는 것은 '맥락과 구조'가 변하기 때문이라는 것이다. 왜냐하면 **주도성은 행위자들이 어떤 맥락 내에서 다른 사람들과 대화 과정에 참여하는 것**이기 때문이다.

비에스타는 교사의 주도성에서 신념이 중요한 역할을 한다고 보았는데, 이 구조는 신념의 역할에 대한 질문을 생성하는 데 도움을 준다고 보았다. 반복적 차원(과거)에서 '선생님의 신념은 어디에서 오는가?', 투사적 차원(미래)에서 '어떻게 신념은 행동을 이끄는가?', 실제적 평가 차원(현재)에서 '교사가 행동하는 구체적인 상황에서 신념은 어떻게 기능하는가?'가 그것이다.

4. 교사의 신념

스코틀랜드 교육과정이 현장에 어떤 영향을 미치고 있는지 분석하기 위해 비에스타와 다른 연구자들은 초중학교에서 교사들을 개인적으로, 집단적으로 면담하였다. 면담 내용을 코딩하며 분석하였고 이를 통해 교사 주도성이 어떻게 형성되었는지, 이에 영향을 미치는 신념은 무엇인지 알 수 있었다. 교사들의 신념은 매우 유사하였는데 최근 정책 문서에서 표현된 언어와 일치하였다는 점이 재미있었다. 아마 우리도 연구자가 면담을 한다면 '과정 중심 평가'라든지 '배움 중심 수업'이라든지 비슷한 이야기가 나오지 않을까 싶다. 이 논문에서는 교사들과 나눈 대화를 바탕으로 교사의 신념을 다음 세 가지에 초점을 맞추어 이야기했는데 그것은 1) 어린이와 젊은이들에 대한 신념 2) 가르치는 것에 대한 신념 3) 교육의 목적에 대한 신념이다.

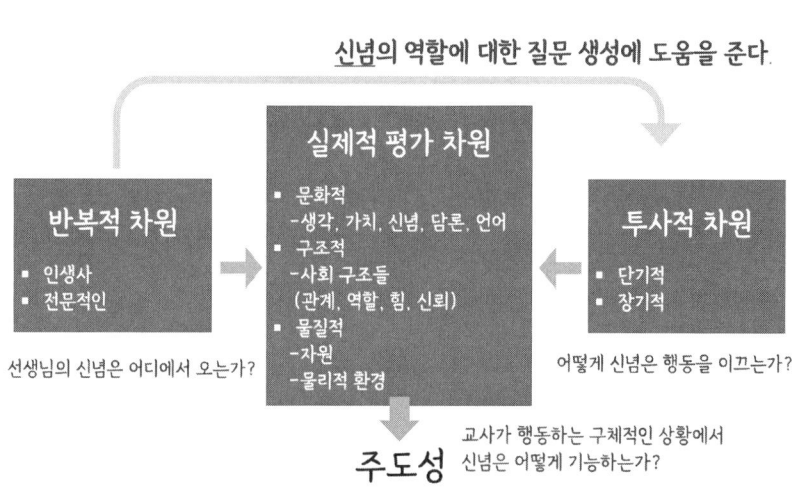

4.1 학생에 대한 신념

교사들은 학생들을 향한 강한 책임의식을 보였다. 수업 계획이나 다른 과제들을 학교 근무 시간 외에 수행하기도 했고, 학생과 관계가 배움에 매우 중요하다고 생각했다. 안전하고 배려심 있는 학습 환경 조성을 위해 노력하였으며 학생들이 최선을 다하기를 바랐다. 이러한 긍정적인 측면에도 불구하고 학생을 묘사하는 어휘를 살피면 학생들을 뭔가 결핍되었다고 보는 시각이 있었고, 이는 교사의 주도성을 제한하는 것으로 보였다.

구체적으로 보자면, 많은 교사들은 교육을 '자격화'의 관점에서 보고 있었다. 일부 교사들은 수업에 능력이 떨어지는 학생들이 포함되어 있는 것이 수업에 도움이 되지 않는다고 보았고, 최근 다중 지능에 대한 개념이 널리 퍼졌음에도 학력을 고정적인 개념으로 보고 있었다. 특히 학생들이 자신의 배움에 대해 더 책임감을 가져야 한다고 생각하고 있었으며, 학생 자신의 능력이 부족하기 때문에 학습에 대한 책임감을 강조하는 새 교육과정이 한계가 있다고 말했다. 이러한 이야기에서 교사는 학생들의 결손을 메꾸는 일이 교사의 역할로 인식하면서도 학습이 이루어지도록 하는 것에 대해, 책임감 없는 학생을 비난하면서 교사의 전문적인 책임감(교사 주도성)을 포기하기도 한다는 것을 알 수 있다.

동시에 교사는 주도성을 발휘하기도 했는데, 특히 잘못된 시스템에 대해서 교사가 개입하여 책임지고 학생을 보호해야 한다고 보았다. 한 교사는 국가 차원에서 시험을 자주 보는 것이 학생에게 해롭다고 생각하여 때로는 이것이 시험인지 알려주지 않고 시험을 보게 했다. 이는 수준 높은 주도성을 보이는 행동이다. 교사의 판단과 결정은 학생에 대한 신념에 따라 달라졌고, 또한 자신의 역할을 어떻게 보느냐에 따라 달라졌다. 즉, 학생에 대한 신념에 따라 주도성을 발휘하는 정도가 달랐다.

4.2 교사의 역할에 대한 신념

면담에 참가한 교사들은, 교사의 역할이 지식을 전달하는 것이 아니라 배움을 촉진하는 사람으로 바뀌었다고 생각했다. 역량을 강조하는 교육과정이 학생의 지식 수준을 저하시킨다는 논쟁이 있었던 것에 비추어 보면 놀라운 일이다. 하지만 이전 연구에서 드러난 것처럼 '가르침에 대한 근본적인 관점을 바꾸지 않고도 교사는 개혁하자는 메시지에 동조'할 수 있다. 실제 자신의 교수 학습이나 평가의 방법을 바꾸지 않고도 그러한 방향에 동의한다는 거다. 스코틀랜드의 새로운 교육과정에서 교과를 넘나드는 과제(우리나라로 치면 융합 교육과정과 수업)를 더 많이 도입해야 한다는 이야기는 현장의 박수를 받았고, 교사들도 그렇게 말을 했지만, 자신이 새로운 교육과정의 주체가 되어야 한다는 점에 대해서는 불안감을 보였다. 정책의 방향은 좋고 동의하지만 그것을 내가 실현하는 데는 두려움을 지닌 것이다. 비에스타와 면담에 임한 교사들 모두 교육과정에 자율성을 요구받는 것에 대해 불안해했다. 하지만 그러면서도 교사들은 위에서 내려보내는 것에 대해 거부감이 있었고, 교사의 목소리가 무시되는 경향에 대해서도 비판하였다. 얼핏 보면 교사는 그들이 해야 할 일에 대한 책임은 다하지 않으면서(자율성과 주도성을 발휘해야 하는 데는 두려움을 느끼면서) 불평만 하는 것으로 보이기도 한다. 왜 이런 모습들이 보이는가? 이는 다음에 제시될 '교육의 목적'과 관련이 깊다.

4.3 교육의 목적에 대한 신념

교사들은 교육의 목적에 대해 비슷한 신념을 보여주었다. 학생을 사회에 적응하도록 돕는 일, 학생의 역량을 개발하는 일이 교육의 목적이라고 보았다. 그런데 교육의 목적을 **사회화**라는 한 가지 관점에서 바라보는 것은 교육이 무엇을 위해야 하는지에 대한 더 큰 질문을 잊게 만든다. 교육을 '사회화'의 관점으로 바라본다는 것은, 학생들에게 불확실성을 다루게 한다기보다, 있는 그대로의 사회에 효과적으로 기능할 수 있도록 하고, 예상되는 사회 발전에 기여하도록 역량을 개발해야 하는 것으로 본다는 것이다. 교육의 목표는 '배우는 것'이지만 이것이 무엇을 의미하는지, 즉 무엇을 배우고 있고, 왜 배우고 있는지에 대한 명확한 그림은 없다. 교육이 학생들에게 어떤 자격을 주어야 하는지 '자격화'에 대한 언급도 없다. 면담자들은 이를 (대입) 경쟁과 관련지어 부정적으로 언급하였을 뿐이다. 또한, 교사들이 교육의 목적에 대해 이야기할 때에 교육적 가치에 대해서도 언급하지 않았다. 면담자들 중 아무도 사회 정의나 민주주의를 말하지 않았다. 대신 개인의 책임과 참여를 중심에 놓고 학교가 이를 준비시켜야 한다고 생각했다.

또한, 교사들의 교육 목적에 대한 언급은 장기적인 것이 아니라 도구적이고 단기적인 것이었다. 교사들은 어떤 학생을 키울 것이냐에 관심을 두기보다, 학생이 참여와 흥미를 유지하고 조용하고 예의 바르게 수업을 진행하기를 바랐다. 이는 교육의 목적과 현장에서 실천 사이의 단절을 보여준다. '사회화' 이외 다른 교육 목적에 대한 담론이 빈곤하기 때문에, 교사가 자신의 신념에 맞게 주도성을 발휘할 여지도 줄어든다. 교사들은 전문적인 담론을 이야기할 때 교육 정책에서 사용하는 언어를 그대로 말했지만 종종 피상적으로 알고 있었고, 이를 해석하는 것도 크게 달랐다. 이 또한, 정책적으로 제공되는 담론이 풍부하지 않다는 것을 보여준다. 우리와 크게 다르지 않게 정책적인 담론은 이것이 왜 필요한지 왜 중요한지 어떻게 실현할 것인지에 대해 풍성한 논의 없이 교사에게 그냥 내리꽂힌다. 일상이 바쁜 교사들은 깊게 교육의 목적이나 담론을 나눌 여지와 시간이 없고, 이는 주도적으로 교육과정을 개발하는 등의 교사 주도성을 감소시킨다.

5. 논문의 결론

비에스타의 분석은 교사가 새로운 교육과정에 참여하는 방법과 교사 주도성을 발휘하는 것에 대해 불편한 문제를 제기한다. 이를 세 가지 차원에서 다시 정리해 보고자 한다.

5.1 과거로부터 오는 반복적 차원

교사 주도성과 신념은 개인적인 자질에 크게 의존하게 된다. 많은 교사들은 개인의 과거 경험에 의거해 신념을 지니게 된다. 그러나 교사는 종종 자신의 신념에 대해 혼란스럽거나 피상적인 이해를 지니고 있다. 이는, 변화를 뒷받침할 만한 명확한 교육철학을 개발하지 않고, 이를 돕는 전문적인 동료성 없이, 외부로부터 과제들이 부과되기 때문에 벌어진다. 동료 간 협업이 잘 된다는 학교에서조차 학교 안에서 교육의 목적에 대해 함께 장기간 고민해 왔다는 증거를 발견하지 못했다면서 이 논문에서는 학교와 교사의 변화는, **구조**를 바꾸는 것뿐만 아니라 **교사의 인식**을 바꾸는 것이 필요하다고 한다.

5.2 미래와 연결된 투사적 차원

교사는 업무와 당장 해야 할 목표에 의해 움직이지만 이러한 목표는 대부분 단기적인 것이다. 교육의 목적에 대한 명확한 비전의 부족은 교사가 주도성을 발휘하여 좋은 교육을 하는 것을 어렵게 한다. 교사들은 여러 어려움과 제약에도 불구하고 특정한 단기 목표를 성취하는 데는 매우 효율적으로 행동했다. 그러나 이는 결국 교사의 책임감을 저하시키게 된다. 살로몬[31]은 교사의 책임을 세 가지로 이야기했는데 '1) 교사로서의 적절한 역할 수행 2) 학습 과정과 결과에 대한 책임 3) 장기적인 교육 목표

---

[31] Salomon, G. (1992). The changing role of the teacher: From information transmitter to orchestrator of teaching

에 비추어 방법과 내용에 대한 고려'가 그것이다. 이렇게 보았을 때 첫 번째는 면담한 모든 교사가 심각하게 받아들이고 있었고, 두 번째는 학생들에게 책임을 전가하는 부분도 있었기에 애매했다. 그러나 세 번째는 큰 문제이다. 교육의 목적에 대한 장기적인 담론은 연구했던 학교에서 전혀 드러나지 않았다. 하지만 이는 교사의 책임감, 주도성을 발휘하는 문제와 연결되기 때문에 매우 중요하다.

5.3 실제적이고 평가적인 차원

교사가 과거의 경험으로부터 어떤 신념을 갖게 되고, 그 신념이 미래를 어떤 방식으로 바라보고 있다면 이는 교사의 '지금-여기'의 신념과 실천에 영향을 미친다. 하지만 교육에 대한 강력한 전문적 담론이 없다면 결과적으로 신념은 좁은 경험에 의존하게 된다. 최근 정책에 강하게 영향받는 신념, 장기적인 목표에 대한 고려하지 못하는 신념은 교사가 주도성을 발휘하기 어렵게 만든다. 교직과 교육에 대한 더 장기적이고 넓은 담론이 제공되어야 교사는 이에 기반하여 자신의 신념을 갖고, 교사 주도성을 발휘할 수 있다.

6. 마무리

내가 키우고자 하는 학생상, 우리 학교의 목표에 대해 학교 구성원들과 얼마나 이야기해 본 적이 있는지를 떠올려보자. 몇몇 혁신 학교에서나 2월 신학기 연수를 하면서 학교나 학년의 비전을 세우고, 원하는 학생상을 논의한다. 그런 학교마저 '이 바쁜 2월에 쓸데없는 데 시간 낭비'한다는 내부의 공격을 받기도 한다. 그러나 비에스타의 논의에서도 보듯 장기적인 교육의 목적에 대한 논의는 교사의 주도성을 확장시킬 수 있다.

개인적인 경험으로는 학교 구성원 모두가 꾸준하게 공부하면서 자신의 수업과 철학을 나누는 게 어느 정도 효과가 있었다. 단번에 어떤 연수로 인식을 바꾸기보다 가랑비에 옷 젖듯이 일상에서 하는 일이 중요하다. 학교에서 실제적인 시간을 마련하여 함께 수업과 생활교육에 관해 논의하는 것이 필요하다. 몇몇 열심히 하는 교사의 소진으로 이어지지 않게 전문적 교원학습 공동체와 같은 모임에서 R&D 방식으로 연구와 실천을 결합할 수 있도록 구조를 짜면 좋겠다.

언제나 사람이 중요하냐 구조가 중요하냐 논의가 많다. 둘 중 어느 하나를 선택하는 일은 적절하지 않다. 시스템적으로 사람을 키울 수 있도록 돕고, 그렇게 성장한 교사가 안정적으로 시스템을 운영할 수 있도록 해야 하는 일이다. 지금 내가 속한 자리에서부터 할 수 있는 일을 찾아서.

교육회복을 위한 철학 탐색 -
코로나 시대의 좋은 교육이란 무엇인가?

구 소 희

(인천 삼산초 교사)

코로나 시대의 교육 회복을 위하여

코로나19가 오랜 기간 지속되며 우리 사회의 여러 문제가 심화되어 수면 위로 떠올랐다. 처음에는 취약계층 아동의 돌봄 문제로 시작하여 아동학대, 이어서 신체 및 정서 건강 문제, 그리고 학력 격차 문제가 대두되었다. 이러한 문제들은 과거부터 지금까지 계속 진행 중이며 코로나로 더 확대되어 드러났다고 할 수 있다.

코로나 시대를 거치며 우리 사회에 '교육 회복'이 화두로 떠오르고 있다. 반가운 시선이다. 그러나 각종 정책 방향과 언론 보도를 보면 마치 '교육 회복'과 '학력 격차 극복'을 동의어인 것처럼 바라보는 것처럼 느껴져 아쉽다.

좋은 교육이란 무엇인가? 교육은 학습과 같은 의미인가? 교육 회복을 학력 격차의 극복과 같은 의미로 사용할 수 있는가? 교육과 학습을 같은 의미로 바라보는 것처럼 교육 회복과 학력 격차 극복을 바라보는 것은 지나친 도식화에 따른 것이라고 할 수 있다.

거트 비에스타의 '교육의 약점에 대하여(2009)'와 '학생, 학습자, 발표자(2010)' 두 논문을 통해 교육의 본연적 의미를 살피고 코로나 시대의 좋은 교육, 교육 회복에 대한 철학과 방향성을 탐색해 보려고 한다.

교육의 강력한 언어

교육에는 '강력한 언어(strong language)'가 상당수 있다. 이것은 교육적 '입력'과 '결과' 사이에 매우 강력하고 안전한 연결을 확립하는 것을 목표로 한다. 예를 들어 '효과적인 가르침, 강력한 리더십, 그리고 효과적인 커리큘럼' 등이 있다. 이러한 접근은 교육에서 '무엇이 효과가 있고 효율적인가'에 대한 확실한 증거를 제공해 준다. 교육에 많은 시간, 노력, 자원이 투자되고 있기에 우리가 투입한 것이 효과적이라는 것을 검증하는 것은 어쩌면 당연한 일이라고 할 수 있다.

교육 목표의 일부는 실제로 교육의 의도와 목적이 실제적으로 효과적으로 달성할 수 있는 것이기도 하다. 그렇기 때문에 교육의 강력한 언어를 통해 교육이 효과적으로 설계되고 실행하도록 시스템을 만드는 것에 많은 시간과 노력을 들이고 있다.

교육의 본연적 가치는 무엇인가?

'교육은 무엇인가?'라는 질문에 다양한 답을 탐색할 수 있다. 거트 비에스타는 교육을 '올바른 것을 얻기 위한 시도'라고 말하고 있다. 그는 교육의 어려움을 지그문트 프로이드의 세 가지 불가능한 직업의 사례를 통해 설명하고 있다. 프로이드는 불가능한 직업으로 '정치가, 정신분석가(정신과 의사), 교사'를 들었다. 모두의 상황과 기대가 다르기 때문이다.

교육은 단순히 '가르침과 배움'의 기술이 아니며 교육의 결과를 완전히 예측하기 어렵고 교육에서 성공을 완전히 보장받기도 어렵다. 교실에서 같은 내용을 가르치더라도, 가정에서 자녀를 양육하더라도 대상에 따라 받아들이는 정도가 매우 다른 것을 늘 경험하고 있다. 이것을 교사(부모)와 학생(자녀) 사이의 상호작용에 많은 요인이 관여하고 있다고 이야기하는 이들도 있다. 그러나 비에스타는 이것은 가르치는 것과 배우는 것의 상호작용은 단순히 물리적인 성질의 것이 아니라 근본적으로 '해석적인 성격'을 띠기 때문이라고 한다.

가르침과 배움은 완벽하게 연결되어 있지 않다. 가르침이 학습에 영향을 미친다면 학생들이 자신이 배우는 것을 해석하고 이해하고 노력하기 때문이지 단순히 가르침이 그들에게 그대로 흘러는 것이 아니다. 그렇기에 교육에서 소통의 핵심적인 요소는 해석이며 이는 열려있는 과정이라고 할 수 있다.

20여 년 전 대학원 수업에서 논문 관련 수업에서 경험한 일이 떠오른다. 학생의 행동 변화와 관련된 논문을 읽고 연구 목표와 가설을 설정하고 연구를 설계하는 방안을 알아보았다. 수업 시간 교수님이 질문하셨다.

"어떻게 연구의 효과성을 검증할 수 있을까요?"

그러자 50대 후반의 나이가 지긋하신 선생님이 대답하셨다.

"연구 주제를 교사가 아이들을 잘 파악해서 세심하게 지도하면 되지 않을까요?"

교수님이 다시 대답하셨다.

"아닙니다. 이 연구의 효과성을 검증하려면 체계적인 실험설계가 중요합니다. 선생님이 아니라 다른 교사가 이것을 교실에 투입하더라도 같은 효과가 같아야 합니다."

당시 3년 차 교사였던 나에게 이 장면이 오래 남았다. 연구 논문에서 실험설계가 중요하다고 한 교수님의 견해와 선생님이 '세심한 지도'가 모두 틀린 것이 아니며 라는 생각이 들었기 때문이다. 거트 비에스타의 논문을 읽으며 대학원 시절의 경험이 자연스럽게 떠올랐다. 교수님은 교육의 강력한 언어를, 선생님은 교육의 약한 언어를 말씀한 것이었다. 맞고 틀리고의 문제가 아니라 상황과 맥락, 교육을 바라보는 관점에 따라 다른 관점의 표현이라고 할 수 있다.

교육의 약한 언어란?

교육의 강한 언어로 표현되지 못하는 부분은 자아와 개개인의 독특함과 관련된다. 이성이 감정보다 우위에 있고, 신체와 마음이 모두 분리되어 있다고 믿던 시절에 사람들은 객관성과 이성을 무엇보다 중요하게 여겼다. 여전히 어떤 이들은 교육의 약점을 극복해야 할 대상으로 보지만 거트 비에스타는 교육의 약점이 실제로 무엇인지 알아보고 교육의 근본적인 약점을 인정하는 것이 교육에 매우 중요하다고 주장한다.

강한 교육은 존재의 영역, 즉 힘의 작동과 물질의 영역에서 작동하는 반면 약한 교육은 '존재가 아닌 본질을 넘어선 영역'에서 작동한다. 이러한 영역에서만 인간 주체가 그 독특함에 나타날 수 있기 때문에 이러한 의미에서 가장 중요한 부분이라고 할 수 있다.

비에스타는 다음과 같은 방식으로 논의를 전개하고 있다. 먼저 교육의 주체화 기능을 어떻게 이해할 수 있는지, 그리고 이 기능이 교육의 다른 기능과 어떻게 관련이 있는지를 나타낸다. 그리고 주제화가 별개의 진정한 교육 문제라는 생각의 역사에 대한 간략한 개요를 제공하였다. 그는 이 사상의 기원이 계몽주의에서 찾을 수 있다는 점을 지적하고, 임마누엘 칸트가 이 사고방식의 발전에 특별히 기여한 것에 초점을 맞추었다. 칸트의 연구가 현대 교육의 시작이라는 업적을 남겼지만 그의 접근은 인간의 주관성에 대한 질문을 인간의 이성적인 본성에 대한 질문으로 감소시키는 사고방식으로 이어졌다는 한계를 갖는다. 이어 본질이 아닌 인간의 존재에 초점을 맞춘 인간의 고유성 문제에 다른 방식으로 접근하기 위해 레비나스의 '주관성의 윤리'를 통해 약한 교육의 개념과 중요성을 설명하였다.

교육의 세 가지 기능(자격화, 사회화, 주체화)

우리는 '교육'이라는 단어를 일상적으로 사용한다. 또 여러 학교, 학습, 훈육 등 다른 단어들과 혼용하기도 한다. 마치 교육이 일상적 현상을 말하는 듯한 인상을 준다. 그러나 사실 교육은 매우 복합적인 개념이라고 할 수 있다. 이것은 '교육이 무엇을 위한 것인가?'라는 물음에 답하려고 할 때 분명해진다.

첫 번째 교육의 기능은 '자격화'이다. 교육을 통해 어떤 일을 할 수 있는 기본적인 자격을 갖춘다는 것이다. 우리가 어떤 일을 할 때 지식이나 기술을 습득하여 그 일에 적합한 자격을 갖추었다는 것을 증명한다고 믿는 것과 관련되어 있다.

두 번째 교육의 기능은 '사회화'이다. 이것은 교육을 통해 개인으로 태어난 사람이 기존 사회문화적, 정치적, 도덕적 질서의 규범을 익히고 사회 구성원의 하나가 되는 방식과 관련이 있다. 학교는 사회의 기존 질서와 가치, 인성교육, 시민권 교육 형태 등으로 사회화에 관여한다.

세 번째 교육의 기능은 '주체화'이다. 이것은 교육이 개인에게 기여하는 방식이나 자신이 선호하는 대로 살아가는 주체화와 관련이 있다. 사회화는 '다른 사람들과 같아지라'는 압력을 보내는 반면, 주체화는 '다른 이들과 다른 자신만의 존재로 서라'고 이야기한다. 사회화와 주체화는 언뜻 서로 반대되는 것으로 이해될 수 있으나 기존의 질서에 새로운 주자를 투입하라는 의미는 아니다.

인간이 사회의 기존 질서에 잘 적응하며 살아가는 동시에 개인이 독립적인 견해를 가질 수 있는 것을 암시하는 것이다.

앞에서 비에스타는 '교육은 올바른 것을 얻기 위한 시도'라고 했다고 언급하였다. 교육의 세 가지 기능인 '자격화, 사회화, 주체화'를 통해 교육의 방향성을 탐구해 볼 수 있을 것이다. '사회의 구성원으로 기존 사회 질서와 문화를 존중하는 동시에 독립된 견해를 가지고 자신의 목소리를 낼 수 있는 존재'로 성장할 수 있도록 돕는 것이 아닐까? 교육의 사회화와 주체화 즉, '동조와 분화'를 어떻게 가능하게 할 것인가? '어떻게'가 중요해 보인다.

근대 교육의 시작, 칸트 사상의 영향

인간은 존재와 행동이 독립적인 주체라는 생각은 계몽주의의 영향이었다. 17세기 후반에 시작되어 18세기 프랑스에서 전성기를 이룬 사조이다. 신(神)이 아닌 인간의 이성(異性)에 의해 의식이 형성되어야 한다는 사상이다. 이는 프랑스 혁명의 사상적 배경이 되기도 하였다.

칸트는 계몽주의를 무엇보다 인간의 자유의지와 이성을 강조했다. 인간의 미성숙은 이성이 부족한 것이 아니라 결의와 용기가 부족한 것이며 자신의 이해를 사랑하고 용기를 가져야 한다고 주장하였다. 칸트는 '합리적 자율성'은 인간의 가장 본질적인 부분으로 생각했다. '자유로운 사고에 대한 성향을 인간의 궁극적인 삶의 목적이자 존재의 목표'라고 묘사하기도 했다. 그는 인간은 교육받아야 하는 유일한 생명체이며 인간의 자유로운 사고 상향은 교육을 통해서만 나타날 수 있다고 주장했다.

칸트의 주장에 기초하여 교육의 근거는 '자기 동기 부여와 자기 주도성을 가질 수 있는 내재적 잠재력을 가진 특정한 종류의 과목'에 두도록 하였다. 반면 교육의 과제는 '주체들이 완전히 자율적이고 인간 개인의 지성을 행사할 수 있도록 이러한 잠재력을 가져오는 것'으로 설명하였다. 근대 교육은 칸트가 말한 인간의 본질과 궁극적인 목적지에 대한 진리에 기초하며 '합리성, 자율성, 교육' 사이의 연결은 근대 교육의 거룩한 삼위일체가 되었다.

이러한 칸트의 사상은 후대에 많은 영향을 주었다. 칸트주의를 직접적으로 따랐던 장 피아제나 콜버그의 업적뿐 아니라, 마치 겉으로 보기에는 반대의 입장으로 생각되는 파울로 프레이리의 작품과 헤겔, 카를 마르크스, 네오 마르크스주의 등 교육에 대한 비판접 접근의 초석이 되기도 하였다.

칸트는 교육과 인간의 자유 사이에 연결고리를 확립하여 현대 교육의 중요한 전환을 나타내었다. 그는 '교육은 궁극적으로 자기 결정과 관련'이 있다고 주장하여 근대 교육의 기본 철학을 만들었다. 우리는 칸트 이후에야 사회화와 교육을 구별하는 것이 가능해졌고, 주체화가 교육의 적절한 관심이라고 주장하게 되었다. 그러나 '교육은 학습과 같은 말인가?', '교육은 가치 중립인 개념인가?' '교육에서 강한 언어의 역할과 한계는 무엇인가'라는 질문과 마주하며 칸트 사상의 한계를 찾을 수 있다.

교육에서의 강한 언어 즉, 효율적인 방법을 가장 중요하게 여기게 되면서 교육은 곧 개인의 학습으로 축소되어 도식화되었다. 교육의 목적은 좋은 교육에 대한 고민, 관점과 신념을 연결하고 정의하는 활동 등 본질에 대한 고민과 실천이 포함되어 있기에 교육을 학습과 같은 용어로 생각하면 교육에 포함되어 있는 소중한 가치를 간과할 우려가 있다.

과학과 기술이 발전하며 우리에게 철학이 사라져 버렸는지도 모르겠다. '왜'라는 방향성의 설정 없이 '어떻게'라는 방법만 난무하고 있지 않은가 생각해 보아야 한다. 교육과 학습을 같은 용어로 사용하며 나타나는 현실의 모습이 있다. 코로나 이후 어떻게 회복할 것인가에 대한 고민보다 학력 격차의 극복과 메타버스, 인공지능, 구글 클래스 등을 필두로 한 도구적 기술 관련 논의가 더 많이 이루어지고 있다.

지식이 현실에서 일어나는 현상을 체계화한 것이라면 지혜는 복잡한 현실과 지식을 풀어내고 경험을 성찰하여 실천할 수 있는 방법을 제시하는 것이라고 할 수 있을 것이다. 삶의 지혜를 모아 삶의 방향성을 만들어 갈 수 있다. 지금 우리에게 필요한 것은 도구적인 지식뿐만 아니라 삶의 지혜와 방향성이라고 할 수 있다. 이를 위해 지금 우리가 교육에 대한 철학을 고민하는 것이 매우 중요하다.

인본주의의 문제

인본주의란 인간이 모든 것에 중심이 된다는 사상이다. 근대 교육의 시작은 인본주의가 토대가 되었다. 비에스타는 인본주의를 철학적 의미로 사용하였다. 인간의 본질이나 본성을 알고 표현하는 것이 가능하고, 지식을 후속 행동의 토대로 사용하는 것이 가능하다는 생각이다. 인본주의는 교육뿐 아니라 정치와 경제 등의 영역에서도 인간이 가장 중심이 된다고 말한다. 그는 칸트가 열었던 현대 교육은 인간의 본성에 대한 특정 진리에 기초하기 때문에 명백하게 인본주의적이라고 말한다. 그러나 인본주의는 20세기 철학에서 두 가지 이유로 도전에 직면해 왔다.

첫째, 인간이 자신의 본질과 기원을 포착하는 것이 불가능하다는 것이다. 자신의 본질과 기원에 대해 끊임없이 탐구하지만 유한한 삶을 살아가는 인간이 그것을 전체적으로 파악하는 것은 거의 불가능에 가깝다고 할 수 있다.

둘째, 최근 역사의 비인간적인 사건으로 볼 수 있는 인본주의의 무능함에 있다. 인간이 그토록 이성적이고 위대한 존재라면 두 차례의 세계 전쟁, 스탈린주의, 파시즘, 히틀러주의, 원자폭탄 투하, 대량 학살 등을 비참한 일련의 사건들을 어떻게 설명할 수 있을 것인가? 휴머니즘은 '인간성'의 규범을 가정하여 그 규범에 부합하지 않는 모든 사람들을 배제한다는 문제를 갖고 있다.

여기에서 문제가 생긴다. 교육적인 관점에서 인본주의의 문제는 사람들이 그들 스스로가 누구인지 어떤 사람이 될 것인지 보여 줄 기회를 주기 전에 규범으로 규정해 버린다는 것이다. 학생들은 그저 미성숙한 존재이며 교육의 대상자로만 여겨 스스로 성장할 기회를 주지 않게 된다.

여기서 우리는 교육의 주체인 사람들을 어떻게 바라보고 불러야 할지 고민하게 된다. 언어에는 그것을 사용하는 사람들의 관념과 철학이 반영되어 있다. 단어는 다른 단어들과 연결되어 있기 때문에 어떤 단어를 사용하는가에 따라 그와 연관된 유사한 의미의 단어들과 쉽게 연결될 수 있다. 비에스타는 그의 논문 '학생, 학습자, 연설자(2010)'에서 학생을 다양하게 정의하였다.

학습자

최근 전통적인 학생이라는 말 대신 '학습자'라는 학습의 새로운 언어로 학생을 표현하기도 한다. 같은 맥락으로 교사를 촉진자로, 학교를 배움의 장소로, 직업 교육을 학습과 기술 분야로, 성인 학습자로 성장하기 위한 언어라고 할 수 있다. 학습 언어와 학습자로서의 학생의 정체성을 연결하는 것은 어떤 의미에서 학습자를 교사나 교육 시스템으로부터 해방시키려는 시도로 볼 수 있다. 그러나 이것은 이득이기도 하고 손실이기도 하다. 누군가를 '학습자'라고 부를 때 배워야 할 대상보다는 학습자가 부족하다는 측면에서 바라보는 것이기 때문이다. 학습할 수 있는 대상은 지식, 가치, 기술, 성향, 역량, 비판성, 정체성, 자율성 등

거의 모든 것이 될 수 있다. 학습자는 배울 필요가 있는 사람이라는 근본적인 부족이나 존재의 불평등을 암시하게 될 수 있다.

학생

'학생'이라는 단어에 스스로 배울 수 있는 능력을 가진 존재로 정의를 더할 수 있다. 교육은 교화되는 것이 아니라 자신의 지성을 드러내는 행위라고 할 수 있다. 비에스타는 배움을 교사의 일방적인 설명을 듣고 수용하는 것이 아니라 학생들은 보고 듣는 것에 대해 주의력을 가지고 자신의 자유를 행사하는 해방의 과정으로 보았다. 이는 모든 이의 '존재 평등의 원리'로 배움이 가르침에 속박된 것이 아니라 각 지성이 자신을 동등하다는 것으로 지적 능력의 계층이 없다는 믿음이 이에 해당된다. 배움은 교사나 학자에게 제공되는 일방적인 설명에 의해 주어지는 것이 아니라 항상 '스스로 가르칠 때' 가능한 것이다. 그러므로 학생들이 다른 이에게 지나치게 의존하지 않고 스스로 생각할 수 있다는 것을 상기시킬 필요가 있다. 교사는 학생이 학습에 주의를 기울이고 노력하며 성장하고 있음을 확인하는 사람으로서 존재한다.

연설자

수업 시간에 말을 할 수 있는 사람은 누구인가? 여기서 '말을 한다'라는 행위는 누가 말을 할 수 있다고 하는 능력에 대한 것이 아니다. 심리적 부분이 아니라 정치적인 부분이다. 이에 대한 논의는 모든 학생은 이미 말을 할 수 있다는 가정에서 출발한다.

비에스타는 학생들이 어리고 미숙하기 때문에 그들이 내는 목소리를 교사가 하나하나 의미를 부여하고 알려줄 필요가 있다고 주장하는 것에 대한 문제를 제기한다. '미숙함'이라는 존재의 불평등으로부터 시작하게 되면 한 걸음도 더 나아갈 수 없게 된다. 학생들은 자기의 목소리를 가지고 이야기를 할 수 있는 존재이다. 이를 위해서는 말을 하는 모든 존재는 평등하다는 가정으로부터 시작해야 할 것이다.

비에스타는 '학습자, 학생, 연설자' 논의를 통해 교육에서 가르침과 배움, 교사와 학생이 관계가 존재로서 불평등한 것이 아니라 존재 그 자체로 인정하며 동등한 인격체로 평등하며 이러한 가정을 기본으로 하여 여기에서부터 시작한다고 말한다.

학생을 미숙한 존재로 여기고 그들을 사회화시키는 데 교육 목표를 둔다면 인간 개개의 고유성을 발현하기 어렵게 된다. 결국 사회화로부터 오는 교육이 우리를 인본주의로 다시 데려오게 되었다. 인본주의는 교육이 인간이 주체성을 갖도록 하는 것을 돕는 시작이었다. 그러나 인본주의가 가진 태생적 한계는 우리가 극복해야 할 대상이라고 할 수 있다.

에마누엘 레비나스(Emmanuel Levinas): 주관성의 윤리

앞에서 칸트는 '교육은 궁극적으로 자기 결정과 관련'이 있다고 주장하여 근대 교육의 기본 철학을 만들었다고 언급한 바 있다. 칸트는 우리에게 교육에서 사회화를 넘어 의미 있는 차이를 만드는 것이 가능할 수 있다는 생각을 남겨주었다. 비에스타는 에마뉘엘 레비나스의 주관성의 윤리를 들어 새로운 논의를 전개해 나갔다.

레비나스는 '네 문화의 철학자'라고 불린다. 그는 리투아니아에서 유대인으로 태어나 독일 철학을 공부했고 프랑스에서 활동했기 때문이다. 이러한 레비나스의 문화적 배경은 그가 내부인인 동시에 외부인으로 서유럽의 철학적 전통을 비판적으로 성찰할 수 있도록 해 주었다. 그가 겪었던 제2차 세계대전의 폭력성은 현대 문명이 지닌 전체주의적 속성에 대한 윤리적 성찰로 이끌었으며 타자에 대한 인격적인 윤리적 책임감을 출발점으로 하는 독창적인 사상을 발전시킬 수 있는 계기가 되었다.

서구 철학의 전통적 존재론의 한계

레비나스는 서구 철학의 전통적인 존재론이 전체주의의 근원이라고 지적하였다. 서구의 전통 존재론에서 타자는 단순히 사고의 대상으로 내가 인식하고 해석하여 존재의 의미를 부여받은 존재로 한정하였다. 레비나스는 인식이 주체인 '나'를 중심으로 타자를 끌어들이며 '타자의 타자성을 무시'하고 자기 중심적인 체계 안에서 재정의한 것이며 이것은 전체주의의 사상적인 기반을 제공한 것으로 보았다.

그는 인간은 개별적 존재이며, '독특함'은 존재를 나타내어 준다고 하였다. 타자는 절대적 외재성을 가진 존재로 타자가 누구든 그의 생명을 존중하고 윤리적인 관계를 맺을 때 '나'의 유한성을 극복할 수 있다. 따라서 타자는 내가 해석하고 수용하며 단지 공존해야 할 존재가 아니라 '나'라는 주체를 구성하고 변화시킬 수 있는 무한자라고 주장하였다.

레비나스는 서구의 철학적 전통에 대한 성찰을 통해 현대 문명의 전체주의적 속성을 극복할 수 있는 새로운 윤리학의 기초를 제시하려 했다. 이러한 레비나스의 사상은 "윤리학은 존재론에 앞선다(Ethics precedes ontology)"는 표현으로 가장 대표된다.

주관성의 윤리

우리는 상대방에 대한 무한한 책임감을 가지고 있다. 레비나스는 타인에 대한 이러한 책임은 우리가 선택할 수 있는 책임이 아니라고 강조한다. 이 관계에서 주관성의 본질적이고 일차적이며 근본적인 구조인 책임은 인간이 선택할 수 있는 것이 아니라 본질적으로 가장 앞선 의무라고 보았다. 이것을 '어떤 약속보다 시대착오적으로 앞선 의무', '선험자보다 오래되고 기억으로 접근할 수 있는 의식의 시간보다 오래된 것'이라고 표현하였다.

레비나스는 책임을 주관성의 본질적이고 일차적이며 근본적인 구조로 여기고 인간의 주체가 가지고 있다는 생각으로부터 벗어나려고 노력한다. 레비나스는 그가 주관성을 윤리적 용어로 기술하고 있다는 것을 인정하지만, 여기서 윤리학은 앞선 실존적 기반을 보완하지 않는다고 덧붙인다. 또한 윤리의 의미 자체가 변했다는 점을 염두에 두고 윤리를 통해 주관성 문제에 접근해야 한다고 촉구한다.

결론: 교육의 약점

비에스타는 '교육의 약점'에 대해 논의하며 우리가 교육이 '교과를 가르치는 것, 과목별 기능'이라고 일컬어 온 교육의 기능 중 하나와 관련하여 탐구하였다. 교육이 세 가지 기능 '자격화, 사회화, 주체화'에 대해 알아보며 논의를 전개하였다. 주체화가 어떻게 근대 교육의 주요 관심사가 되었는지 살펴보고 교육이 단순한 사회화 이상이 될 수 있는 것은 주체화에 대한 관심을 통해서만 가능하다고 주장한다.

주체화와 사회화를 무 자르듯 뚜렷하게 구별하기는 어렵다. 그렇기에 우리는 비에스타와 레비나스와 함께 인간 주체의 특이성이나 고유성에 대한 문제에 다른 방식으로 접근할 필요가 있다. 비에스타는 인간의 주관성을 인간의 본질이나 본질로서의 속성으로 이해하는지, 아니면 인간의 존재 측면에서 이해하는지 여부가 중요하다고 말한다. 즉 존재의 영역에서 벗어나 존재의 영역인

'존재보다 더 중요한' 영역과 '존재 본질'로 옮겨가는 인간의 고유성을 설명할 수 있게 되는 것이다.

여기서 고유성은 더 이상 근본적인 속성이나 특징의 문제가 아니다. 거트 비에스타는 레비나스와 함께, 존재론적 관점에서 독특함의 문제에 접근해야 한다고 제안했다. 즉, 개인의 중요성에 대한 질문과 개인이 다른 누구에게도 대체될 수 없다는 것이다. 그러므로 나의 개성은 나의 존재의 문제가 아니라 레비나스가 "책임감"이라는 용어로 언급하는 상황들, 즉 자아가 자아로 지정되고 자아가 특이화되는 상황들에서만 나의 "의문의 존재"를 의미한다. 고유성이 존재와 다른 영역에서 발생한다. 강한 교육은 어떤 의미에서 과목의 특이성이며, 그것만으로는 인간의 주체화라는 목표에 도달하기 어렵다. 그렇기에 이것이 교육의 약점이 중요한 이유 중 하나가 되며 아마도 가장 중요한 이유일 것이다.

이것은 물론 더 중요한 질문을 제기하게 된다. 그것은 '그래서 우리는 무엇을 해야 하는가?'라는 질문이다. 비에스타는 결론적으로 이 질문에 대해 두 가지 답을 제시한다. 첫 번째는 '행동'이다. 강한 교육의 영역인 '개입하고 조종하고 변화시키는 문제'는 행동과 결과가 있는 영역이다. 약한 교육의 영역의 관점으로 특정 교과와 내용이 인간의 성장을 강제하거나 생산할 수 없다고 한다면 교육자들이 할 수 있는 일이 없다. 그렇다고 해서 교육을 하는 이들은 가만히 앉아서 가만히 있으라는 의미는 아니다. 우리의 교육방식에 대해 물어야 한다. '교육과정, 교육학,

활동 계획, 학교를 운영하고, 설계하고, 짓는 방식' 등 다방면에 대한 질문이 필요하다.

이것은 학생들이 교육에서 개인의 주체성 형성에 도움이 되는 특별할 수 있는 잠재적 만남이나 경험을 배제할 것인가, 그렇지 않은가에 대한 것이다. 다시 말하자면, 우리의 교육 활동에서 교과의 내용과 눈에 보이는 결과에만 치우치는 것이 아니라 교육 현장에서 특별할 수 있는 만남과 경험을 어떻게 가능하게 하는 것인지 고민하고 실현해 나가야 한다는 것이다. 이것은 단기간의 숫자로 표현되는 성과로 드러나지 않을 수 있기에 당장 알지 못하고, 알 수 없는 영역일 수 있다. 그러나 약한 교육은 강한 교육의 반대 끝에서 작동하고 있다. 눈에 보이지 않는다. 약한 교육의 영역은 교육에서 인간을 자신의 견해를 가지고 행동하는 시민으로 성장하는 데 지대한 영향을 주는 요인이 된다. 존재론적인 약점에서 존재론적 강점을 찾을 수 있을 것이다.

교사는 어떻게 용기를 낼 수 있는가?

김 진 혁

(전남 장동초 교사)

서론

교육의 과제를 어떻게 이해하고 제시하느냐에 따라 교육의 과정은 상당히 다른 모습을 보일 것입니다. 군대에서의 교육훈련은 지시와 통제, 반복, 엄격한 규율 안에서 이루어지고 프로듀스 101과 같은 서바이벌 경연에서는 경쟁과 협력의 과정을 중시하지만 결과적으로 선택받은 사람과 그렇지 못한 사람으로 결정됩니다.

대학교 2학년, 교육사회학 강좌를 통해 학교 교육이 계급을 재생산한다는 이론을 알게 되어 충격에 빠져 있었을 때 교육철학 강좌 교수님께 여쭤봤습니다.

"학교와 교사들은 왜 학생들을 가르칩니까?"

교수님께서 기특하다는 듯 대답해주셨습니다.

"학생들을 자유롭게 하기 위해서 가르칩니다."

당시에는 학생들이 어디 갇혀있는 것도 아닌데, 자유롭게 한다는 말이 무슨 뜻인지 선뜻 이해하지 못했습니다. 오랜 시간 이후에, 학생들마다 가진 개성, 특성, 자아를 실현하는 것을 돕는 것을 자유롭게 한다는 말로 설명하셨다고 나름대로 이해했습니다. 하지만 비에스타 교수가 말하는 교육의 과제를 알게 된 이후, 그 해석이 달라졌습니다. 달라진 제 생각이 맞다면, 교육철학 강좌 교수님께서는 비에스타의 주장에 새로운 귀를 기울이셔야 할 것 같습니다.

교사가 되고 13년쯤 지났을 때, 인도의 철학자 비노바 바베의 책 〈아이들은 무엇을 어떻게 배워야 하는가?〉를 읽고 강렬한 인상을 받았습니다. 10년이 넘는 긴 시간 동안, 교과서를 가르치고 교육정책에 따라 가르쳐야 할 것들을 가르치는 데 애썼지, 책 제목 그대로 아이들은 무엇을 어떻게 배워야 할지 질문하지 않았던 것 같습니다.

교육의 과제, 교육이 당연히 해야 할 일을 교육의 삼주체인 교사, 학생, 학부모는 무엇이라고 생각하고 있을까요? 수포자, 영포자, N포자를 만들어내는 것이 교육의 과제는 아니었을 겁니다. 2021년 교육기본통계에 따르면, 학업을 중단하는 초중고 학생들이 2020년 기준 3만 2,027명이었다는 것도 놀랍지만, 오히려 코로나19로 인해 2019년 5만 2,261명에 비해 줄어들었다는 사실은 학교에 가면 갈수록 학업을 포기하고 싶게 만드는 무엇이 있다는 뜻 아닐까요?

우리 사회가 교육에 대해 너무 관심이 없거나, 잘못된 과제를 제시한 것은 아닌지, 정말 심각하게 고민해봐야 합니다. 기후위기라는 전에 없던 세상을 살아갈 학생들에게 꼭 필요할 역량을 가르치고, 전수하고, 기를 수 있게 하지 못한다면, 인류세는 끝나고 새로운 세상이 열릴지도 모릅니다. 러시아의 우크라이나 침공은 역사의 발전이 항상 발전적이지만은 않다는 것을 우리에게 절실하게 보여주고 있고 교육은 유일한 열쇠일지도 모릅니다.

본론

"교육의 과제는 무엇인가?"
아주 간단하고 기본적인 질문을 탐구하고자 합니다. 독일어로 과제는 Aufgabe(오프가베)와 Auftrag(오프트라그)가 있는데 특정한 상황에나 자리에서 '해야 할 일들'이라는 의미를 갖고 있습니다. 재미있는 점은 '선물'이라는 뜻도 갖고 있다는 점입니다. 이 두 낱말을 통해 과제는 우리에게 주어진 임무, 직무와 함께 하는 임무, 직책과 함께 오는 책임을 의미합니다.
"세상과 함께 성숙한 인간 존재를 가능하게 하는 것"
이것을 교육의 과제로 제시하고 싶습니다. 좀 더 정확히 말하자면 어느 한 사람이 성숙한 방식으로, 주체로서 세상 속에서 세상과 함께 존재하고 싶은 마음을 이끌어내는 것입니다.
성숙한 존재라는 말에서 "존재"는 누구냐는 질문이 아니라, 존재의 방식에 대해 집중하기 바라는데, 이는 주체가 되기 위한 인간의 조건에 대한 질문입니다. "성숙함"이란 발달 단계나 발달 과정상의 결과가 아니라, 실존주의에서 말하는 어떤 특정한 "성품"이나 "존재의 방식"을 의미하고 "성숙한 방식"이란 세상이 나라는 존재 바깥에 실제로 존재하고 있음을 인정하고 내가 원하고 바라는 대로 마음대로 할 수 있는 대상이 아님을 인정하는 것입니다. 다시 말하자면, 이 세상이 존재하거나 사라지는 것은 내가 결정할 수 있는 것이 아니라, 이 세상의 타자성과 완전성을 내 세상의 커다란 부분으로 인정하고 받아들이고 가꾸어 가는 것입니다.

우리는 우리 자신을 세상으로부터 빼낼 수 없습니다. 우리의 존재라는 것은 그 세상 안에서만 가능한 것이지요. 만약 우리가 세상으로부터 나의 존재를 빼내었을 때 과연 그것을 존재한다고 말할 수 있을까요? 세상 속에서 세상과 함께 존재한다는 것은, 나의 존재와 세상이라는 거대한 존재 사이에 질문을 하게 만듭니다. 어려운 말이지만, 우리가 세상 안에 나의 존재를 위한 공간을 만들지 않고 존재하겠다는 것은, 사실상 이 세상에 존재하지 않겠다는 말과 같습니다.

왜 이렇게 어려운 이야기를 교육의 과제와 관련지어 생각해봐야 할까요? 다시 말해, 왜 우리는 어른스럽고 성숙한 존재가 되는 것이 인간의 과제이며 책임이고 의무라는 생각까지 하게 된 걸까요?

1. 주체성에 대하여

주체성에 대한 이야기는 그가 누구인가, 정체성(identity)가 아니라 그는 주체인가, 주체성(subjectness)에 관한 이야기이어야 합니다. 주체성은 전혀 우리 손에 있지 않다고 할 수 있습니다. 심지어 주체성은 다른 사람이 우리의 출생뿐만 아니라 말과 행동에 어떻게 반응하느냐에 달려있다고 할 수 있습니다. 좀 더 설명하면, 우리의 능력이나 역량이라는 것도 다른 사람들이 어떻게 반응하느냐에 따라 다르게 결정될 수 있습니다. 어느 사람이 무엇을 시도했을 때, 다른 사람들의 반응이, 처음에 그것을 시도한 사람이 어떤 사람인지 결정한다는 말입니다. 쉽게 말해, 한국 사회에서 딸로 태어났을 때, 당연히 사랑받으며 성장하는 사람이 있는가 하면, 반대로 아들이 아니라는 이유로 사랑받지 못하고 오히려 소외당하며 성장하는 사람이 있을 수 있는데, 이는 그 사람이 결정한 것이 아니라, 다른 사람들의 서로 다른 반응이 그 사람이 어떤 존재, 주체성을 갖는지 결정한다는 말입니다.

우리는 때때로, 어떤 주체로서 살아갈지 스스로 통제하고자 할 수 있는데, 이는 잘못하면 다른 사람이 어떤 주체로서 존재할 기회를 빼앗기 시작하는 것이 될 수 있습니다. 다른 사람이 나의 삶의 일부를 차지하는 방식을 통제하면서 그 사람의 존재방식을 방해할 수 있기 때문입니다. 참으로 복잡하지만 우리는 결코 단독으로 행동하거나 존재할 수 없고(한나 아렌트, 1958), 우리는 결코 다른 사람들로부터 격리되어 존재할 수 없다는 것을 의미합니다. 성숙한 존재가 된다는 것은 세상과 함께 상호작용할 수밖에 없음을 인정할 줄 아는 것입니다.

2. 무엇과도 바꿀 수 없는 독특함의 근원

우리가 주체성을 이야기할 때는 무엇이 나를 특별하게 하느냐가 아니라, 나라는 존재가 언제 중요하냐는 의미를 담고 있습니다. 무엇을 소유하고 있느냐가 아니라, 어떤 상황과 실존적 상황에서 나의 독특함(특별함)이 중요한 이슈가 되느냐는 의미이기도 합니다. 이는 우리가 책임을 져야 하는 상황에서 드러나기도 하는 것이기에 다른 사람 누구도 대신해서 할 수 없는 무언가입니다. 그런 점에서 나의 독특함이라는 것은 환경에 대한 나의 반응으로 순전히 나 혼자 만들어 낸 것이 아니라, 외부 환경으로부터 온 것이라 할 수 있습니다. 결론적으로 주체성이라는 것은 내 손 안에 있지 않습니다.

3. 세계 파괴와 자멸의 중간 지대

세상 속에서 세상과 함께 존재할 때, 우리는 벽(저항)을 마주하게 됩니다. 이것은 엄청나게 중요한 경험으로 이럴 때 우리는 세 가지 반응을 보일 수 있습니다.

> *좌절과 짜증, 비난*
> *세상에 대하여 나의 의지(의도)를 강요(대결)*
> *벽(저항)으로부터 도망가는(물러나는) 것*

벽에 부딪쳤을 때, 나는 짜증을 내며 세상에 대하여 나의 의지를 강요하는 데 너무 집착한 나머지, 벽으로서 저항하고 있는 존재를 파괴하는 지경에 이를 수 있는데 이를 "세계 파괴의 위험"이라고 부릅니다.

반대의 경우, 우리는 벽에 부딪혔을 때, 상황이 너무 복잡하고 어려우며, 참을 힘이나, 식욕조차 없다고 말하면서 저항으로부터 도망칠 수 있습니다. 이런 반응은 우리가 세상과의 관계에서 자신을 완전히 철수, 차단시키는 것이기에 앞의 경우와 같이 위험하다고 할 수 있습니다. 이것을 "자멸의 위험"이라고 부릅니다.

세계 파괴와 자멸은 우리가 벽을 마주한 것에 대한 극단적인 반응이라고 할 수 있습니다. 이럴 때 안전한 중간 지대에서 대화가 필요합니다. 경쟁은 누군가가 이기는 것으로 끝나는 데 반해, 대화는 지속적이고 끝나지 않는 도전이기 때문입니다. 대화가 가능한 중간 지대에 머무는 것은 끊임없는 에너지, 주의력, 헌신을 필요로 하지요.

결국 우리의 존재는 중간 지대에서만 가능합니다. 이렇게 어려운 일을 인정하고 받아들이기 위해서는 세상이라는 존재, 우리 자신 밖의 존재에 대한 욕망을 필요로 하고, 교육의 과제는 그러한 욕망을 불러 일으키는 것입니다.

4. 성숙한 존재: 존재가 원하는 것과 존재하기에 바람직한 것

성숙한 존재가 된다는 것은 세계 파괴와 자멸의 중간 지대에 머무는 방식이라고 할 수 있습니다. 성숙함 또는 어른스러움이란 것은 소유하거나 가질 수 있는 것으로 이해되어서는 안 됩니다. 사실 우리가 성숙한 방식으로 다른 사람과 무엇을 함께 할 수 있을지 의문이 듭니다. 우리는 가지각색의 상황에서 어른스런 방식으로 행동하는 데 실패할 수 있습니다. 노력은 결과를 보장해주지 않습니다. 그럴 때 우리는 깊이 실망할지도 모릅니다.

하지만 성숙함이란 것은 우리의 욕망을 억압하는 것이 아니라, 우리가 바라는 것이 우리 자신의 삶과 다른 사람과 함께 살아가는 삶에 바람직하다는 것을 의미합니다. 우리가 세상의 벽(저항)을 마주할 때, 우리는 세상하고만 마주하는 것이 아니라, 우리의 욕망과도 마주하게 됩니다. 그렇게 세상은 우리에게 무언가를 가르쳐 주려고 하는지도 모릅니다. 우리는 모든 것에서 욕망을 뿌리 뽑을 것이 아니라, 세상과 함께 존재할 수 있는 성숙한 방식으로 유지할 수 있습니다.

5. 교육의 일: 개입, 지원, 지지

성숙한 방식, 어른스러운 방식으로 존재할 수 있게 하기 위하여 교육이 할 수 있는 몇 가지 일들을 말하고 싶습니다.

학생들이 갖고 있는 모든 재능을 계발하고 잠재력을 최대한 발휘하게 하는 것은 교육의 일이 아닙니다. 그 이유는, 학생들이 갖고 있는 잠재력에는 바람직한 것과 바람직하지 않은 것이 있기 때문입니다. 여기서 우리는 교육적 관심을 가져야 합니다.

어떤 재능이 세상에 존재하는 데 도움이 되고, 어떤 재능은 성숙한 방식, 어른스러운 방식의 삶을 방해할 것인지 탐구하기 위해 재능과 잠재력에 대해 질문하는 것을 추구해야 합니다.

우리 모두는 선과 악을 위한 재능을 가지고 있고 도덕성과 범죄성 둘 다 발달 과정의 결과로 나타날 수 있기 때문입니다. 그렇기에 단순히 아이들의 성장을 지원하고 학생들은 자신의 재능을 계발하고 잠재력을 최대한 발휘하면 된다고 말한다면 그것은 거짓말이 될 수 있습니다. 이런 거짓말은 학생들에게 오해를 불러일으킬 뿐만 아니라 교사와 교육자들을 잘못된 길로 안내할 수 있습니다.

교육의 핵심적 과제는 단순히 아이나 학생에게 어떤 것이 바람직한지를 알려주는 것이 아니라, 이 질문이 아이나 학생의 삶에서 살아 있는 질문이 되게 하는 것입니다. 그것은 직접적인 도덕 교육이 아니라, 학생에게 어떤 욕구나 욕망이 생겼을 때 학생이 그것과 관계를 맺을 수 있는 공간을 만들어주는 것을 의미합니다. 여기서의 교육적 원리는 "정지"라고 부를 수 있는데, 시간과 공간의 정지는 학생이 욕구나 욕망과 관계를 맺을 수 있는 기회를 제공하고, 그것을 가시화하고 인지할 수 있게 하여 그것을 다룰 수 있게 해 줍니다. 요점은, 욕구나 욕망을 파괴하는 과정이 아니라, 그것을 선택하고 변형시킬 수 있도록 돕는 것입니다.

교육이 학생으로 하여금 무언가를 중지시키고 보류시키는 것은 앞서 말한 중간 지대에 머물게 하기 위함입니다. 그곳은 어른이 될 수 있는 유일한 곳입니다. 그곳은 학생들이 세상을 접하는 장소로 교육적인 일의 일부 또는 만남을 가능하게 하고 형태를 부여합니다. 좀 더 구체적으로 말하자면 그 저항의 경험에 형태를 부여하고, 그 변화성과 청렴함 속에서 세상을 경험할 수 있는 진정한 가능성이 있도록 하는 것이 과제입니다. 교육은 학생들이 그런 과정을 거쳐 세상에 존재하는 어려움을 견딜 수 있도록 어떤 형태로든 자양분을 제공해야 합니다.

교육자의 일은 저항의 경험을 중요하고, 의미 있고, 긍정적으로 "무대화"하는 것입니다. 이것은 상황을 어렵게 만들기 위해서 어렵게 만드는 것이 아니라, 주체로서 세상에 존재하는 문제들에 대한 중요성을 인정하게 하기 위한 것입니다. 저항을 없애기 위해 유연하고, 개인화되고 개별 아동이나 학생의 필요에 완전히 맞춰서도 안 됩니다. 그것은 학생들을 세상과 어울리도록 지원하는 것이 아니라 오히려 세상으로부터 격리시킬 위험이 있기 때문입니다.

학생들에게 저항의 경험을 어디에서 어떻게 접하는지를 보여주는 것은 중요합니다. 학생이 세계 파괴와 자멸의 양극단으로부터 멀어지게 하기 위해 중요합니다. 교육자의 일은 이렇게 어려운 중간 지대에 학생들이 머물고 싶도록 동기를 불러일으키는 것입니다.

가르치는 사람은 학생들이 자신의 욕구와 욕망을 접하고, 살펴보고, 선택하고 변형시킬 수 있도록 시간과 공간을 만드는 것이라고 했습니다. 바라는 것과 바랄 만한 것에 대한 교사의 질문은 학생들의 삶에서 살아 있는 질문이 됩니다. 이 질문은 학생들의 삶에 어떤 것이, 또는 누군가가 영향력을 갖게 하는지 결정하는 것입니다. 교사들은 이렇게 학생들의 삶에 영향력을 끼치고 이러한 권력 행사가 학생들이 성숙한 존재가 되는 데 기여하기를 바라고 그렇게 되었는지 알기 원합니다. 하지만 그러한 일이 언제 일어날지, 우리는 결코 알 수 없습니다. 알게 되더라도 한참 뒤의 일일 것입니다. 학생들이 주체로서 살아갈 수 있길 바라는 가르침들은 그 결과를 예측할 수 없기에 위험합니다. 하지만 그런 위험 없이는 교육이 일어나지 않기에 교사와 교육자들은 그 위험을 감수합니다.

결론

"교사들과 교육에 종사하는 사람들은 무엇에 집중해야 할까요?"

교육의 과제가 무엇인지 탐구할 때, 그동안 있었던 대부분의 논의는 교육이 달성해야 할 목적이나 결과에 초점을 맞췄습니다. 하지만 비에스타 교수는 다른 관점에서 질문을 합니다.

"교육의 과제는 어린이들과 젊은이들이 좀 더 성숙한 방식으로 이 세상에서 살아가고 싶도록 마음을 이끌어내는 것입니다."

여기서 말하는 성숙함이란 일정한 상승곡선 같은 발달궤적을 발달에서 얻어지는 결과물이 아니라, 한 사람이 세상과 함께 존재하는 방식을 말합니다.

"자기중심적이고 자기밖에 모르는 아이들과 젊은이들을 멈추게 하고 성숙한 존재로, 제자리에 돌려놓는 것입니다."

다소 적나라한 말이지만, 그의 말이 틀리다고 할 수 없을 것 같습니다. 경제적 부와 사회적 지위 상승, 계층 이동에 있어 교육이 얼마나 그 역할을 잘해왔는지에 대해서만 혈안이 되어, 청소년뿐만 아니라 성인들도 학원가를 전전하는 한국 사회는 결과가 모든 걸 정당화한다는 그릇된 신념을 사실처럼 받아들이고 있습니다.

하지만 비에스타 교수는 그동안의 교육이 개인과 개인을 둘러싼 세상이 끊임없이 서로 대화할 수 있도록, 지속적으로 어린이들과 젊은이들이 성숙한 존재가 될 수 있게 노력할 수 있는 시간과 공간, 교육과정을 제공하는 데 초점을 맞춰왔고, 그들이 계속 노력하고 싶은 마음을 가질 수 있도록 지원과 돌봄을 제공해왔음을 상기시켜 줍니다. 앞으로도 그래야 하며 이것이 교육의 과제라고 말합니다.

3부 비에스타와의 대화

비에스타의 강의:
팬데믹 이후의 교육 - 방향 감각을 찾아서

교사들의 6가지 질문

거트 비에스타 교수와 한국 교사들과의 대화
- 1부 : 김원석 선생님과의 대화
- 2부 : 관계의 심리학을 연구하는 교사단
(이하, 관심단) 교사들과의 대화

비에스타의 강의32) -

팬데믹 이후의 교육 - 방향 감각을 찾아서

안녕하세요. 이것 참 긴장되는군요. 어색하고요. 아무래도 제가 말하는 걸 녹화하는 중이라서 말이죠. 여러분이 나중에 이걸 보게 되시는 거고요. 코로나로 인하여 아직 우리가 함께하지 못하지만 시간이 지나고 나면 직접 만나서 대화를 나눌 시간이 오겠지요. 초대에 감사드립니다.

이제 본격적으로 이야기를 해보겠습니다. 몇 년 전에 서울에서 만나 큰 회의에서 제 이야기를 할 기회가 있었는데, 그때 제 이야기를 다 못했습니다. 시간이 조금밖에 주어지지 않아서요. 하지만 지금은 대화할 시간이 많아서 좋습니다.

여러분과 함께할 오늘 강의의 주제는 〈팬데믹 이후의 교육 : 방향 감각을 찾아서〉입니다. 이 주제에 대해 강의를 하려고 합니다.

이 강연을 준비하면서 제가 무엇을 여러분과 공유할 수 있을까 생각해봤는데 꽤 어려웠습니다. 할 말이 너무 많아서 말이죠. 여러분과 나누고 싶은 생각들, 화제들이 아주 많아요.

---

32) 이 강의록은 2022년 2월 18일 온라인 세미나 강의를 녹취하여 저자의 허락하에 게재하는 녹취 강의록입니다.

교육을 끌고 가려는 수많은 사람들 속에서 교육의 방향 감각 지키기

제 핵심적 생각을 말해보고자 합니다.
저는 이 자리에서 코로나 시기에 알게 된 결핍에 대한 제 아이디어들을 이야기하려 합니다. 팬데믹이 우리의 사적인 일상, 직장 생활을 파괴해나간 모습을 목격하며 알게 된 것들을요.
이제 일상이 점차 정상으로 돌아오고 있는 것 같습니다. 저는 코로나 전후 여러 나라에서 많은 사람들이 교육에 대해 말하는 걸 보았습니다. 그리고 마치 그대로 따라 쓰기만 되는 모든 종류의 해결책이 생겼지요. 의도는 좋아요.
그러나 교육 문제가 흔히 그렇듯이 얼마나 많은 사람들이, 교육이 무엇이 되어야 하는지, 교육이 무엇을 해야 하는지, 어떻게 해야 더 나아질 것인지 생각하고 있는지 모르겠군요.
교육 문제가 언제나 어려운 이유는 거기에 있는데요. 교사는 교육하는 사람으로서 방향 감각을 지켜야 합니다. 여기저기 온갖 군데에서 우리를 끌고 가려 하니까요. 바로 그 문제를 여러분과 공유하고 싶습니다.

가르치는 일의 핵심에는 무엇이 있는가

어떠한 방식으로든 우리가 방향 감각을 지킬 수 있으려면 그것은 결국 교사로서 우리의 직업에서 실제로 무엇이 중요한지 알고 있어야 합니다.
그 문제, 실제로 가르치는 일의 핵심에는 무엇이 있는가, 가르치는 일에 대해 제가 숙고한 내용 중 몇 가지를 공유하고자 합니다.

1. 팬데믹의 위기가 알려준 것

이번 강연은 팬데믹에 대한 것입니다. 복잡한 문제입니다. 모두가 팬데믹에 대해서 말하고 있습니다. 그리고 많은 사람들이 세계의 커다란 위기라고 말합니다. 그리고 교육도 위기라고 하지요.
저는 '위기'라는 단어를 좋아합니다. 그리스어에서 '위기'라는 단어가 담고 있는 풍부한 의미를 살펴볼까요. 위기는 혼돈의 상태가 아닙니다. 위기는 전환점이 다가오는 것이고 전환점은 항상 판단을 요구한다고 말할 수 있습니다. 그리고 이번 위기도 한 가지 면에서는 전환점이라고 볼 수 있습니다.
팬데믹은 많은 곳을 방문하기 어렵게 만들었습니다. 그렇지만 팬데믹으로 인해 보이지 않던 많은 것을 볼 수 있게 되었습니다.
첫째, 의료적 차원에서 횡행하는 많은 불평등을 발견했습니다.
둘째, 배움의 자원이 학생들 사이에 얼마나 불평등한지도 알게 되었습니다. 어떤 학생들은 다른 학생들보다 훨씬 더 많은 자원을 가지고 있었습니다.

셋째, 팬데믹은 정부의 일부 정책이 무의미하고 의료 정책 중 상당히 무의미한 것도 많다는 것을 보여주었습니다.

넷째, 학습 손실에 대해서도 큰 불평등이 있습니다. 팬데믹 동안 공부할 수 없었던 흑인 학생들이 진도를 따라잡는 데는 많은 다른 도움이 필요하다는 것을 알게 되었습니다.

우리는 많은 불평등이 존재함을 알고 있죠, 우리는 정책 역시 문제가 된다는 걸 알아요. 늘 이 문제를 다루었던 저에게 정책은 해결책이기보다 문제이지요. 관심을 가져왔던 사람들에게 이것은 뉴스가 아니라고 말할 수 있습니다.

어째서 어떤 위기들은 관심을 끄는 데 반해 다른 큰 문제들은 좀처럼 눈에 들어오지 못하는 걸까요. 빈곤, 기아, 불평등, 기후 위기 같은 큰 문제들을 우리는 알고 있어요 그러나 계속 잊어버리고 있어요. 이번 팬데믹이 더 가까운 관심을 갖게 만들었다고 할 수 있겠습니다.

2. 교사는 위기 앞에서 아이들을 깨울 수 있을 것인가?

위기에 대한 관심은 미학과 관련된 문제라고 할 수 있습니다. 미학은 우리가 세계를 지각하는 방식과 관련된 학문입니다. 무엇이 가시적인지, 무엇이 우리의 지각 영역에 들어오는지, 질문한다고 할 수 있습니다. 그러나 그 위기들은 우리의 관심을 받을 수 있을까요?

저는 교사가 하는 일 중 정말 중요한 것은 서로가, 또 새로운 세대가, 관심을 유지하도록 도와주는 일이라고 생각합니다, 깨어 있게 하는 것이라고도 할 수 있겠죠.

만일 그렇지 않다면 교육은 마취제가 될 수도 있습니다. 아이들을 마취하는 방식으로 작동하는 것을 말합니다.

깨어 있고 주의를 기울이는 것과 정확히 반대되는 것은 당신의 교육이나 학생들을 무시하고 다른 일에 마취를 시키는 일입니다.

"그냥 시험에 집중하세요.
그냥 학업에 집중하세요.
소란은 잊고 여기에만 집중하세요."

심지어 이런 마취적 교육이 효과가 있는 과거로 돌아간다면, 그것은 학생들이 깨어있고 주의를 기울이는 데 도움이 되는 것이 아니라, 바깥세상에 대해 면역이 되어 주의를 기울이지 않고 지내게 될 것입니다. 위기가 보이지 않는 것이지요.

그래서 팬데믹 이후 교육에 대한 중요한 질문은 바로 다음 문장이 될 것입니다.

"우리는 교사로서 학생들이 깨어 있을 수 있도록 도울 수 있는가?"
"학생들을 깨우는 것은 우리가 할 수 없는 일인가?"

이 질문은 매우 크고 중요한 질문일 수도 있지만, 조금 가볍게 서로 돕는 것, 새로운 세대를 돕는 것, 우리 학생들이 세상을 위해 깨어 있도록 돕는 것과 관련이 있다고 해석하면 아주 무거운 질문이 아닐 수도 있습니다.

문제는 말이죠.
팬데믹 이후 마취의 교육과 깨어나게 하는 교육 사이에서 어떻게 학생들을 깨어 있게 할 수 있을까 하는 것입니다.
우리가 어떻게 해야 그것을 할 수 있을까요?
우리의 교육적 노력 어디에서 그런 실천을 해야 할까요?

3. 팬데믹 이후 교육의 아젠다에 관하여

어떤 이들은 학교 교육의 아젠다agenda를 팬데믹 시기에 새롭게 잡아야 한다고 말할 수 있습니다. 그리고 포스트 팬데믹 시대 학교의 새로운 의제에 관해 토론할 수도 있습니다. 많은 사람들이 교육을 위한 의제가 무엇이 되어야 하는지 다양한 의견을 갖고 있습니다
협소한 의제라고 할 만한 것들부터 거시적인 것까지 다양한 의제를 사람들은 말할 수 있습니다.

교육에 관한 의제는 "학교는 경제적 생산성을 높이거나, 국가주의적 가치를 주입하거나, 사회 질서를 창출하거나, 특정 국가가 안정적으로 큰 성과를 거두도록 하기 위해 있다"고 하면서 제안하는 것도 있고, 또 다른 차원에서 교육은 "학생들의 복지에 신경 쓰고, 사회 정의, 민주주의, 지속 가능성에 신경 써야 한다"는 의제들의 시리즈를 만날 수도 있습니다.

그러나 우리가 교육 자체보다 야심찬 의제에 대해서만 생각하면 그리고 교육이 무엇을 성취해야 하는지에 대해서만 생각한다면, 교육은 아주 빠르게 일종의 도구로 변할 수도 있습니다. 그렇게 되면 관심을 끌게 될 질문들은 결국 학교가 어떻게 효과적으로 작용할지에 대한 것들뿐이겠지요.

4. 팬데믹 이후 아젠다의 도구가 된 교사들 : 가르침을 잃다

많은 나라의 교육 정책과 입안자, 연구자들의 주된 고민거리는 팬데믹 이후의 교육에서 어떻게 교사들이 일하도록 할까입니다. 즉 교사들에게 특수한 의제를 부과하여 이를 달성하도록 할 것인가 하는 것입니다. 연구자나 정책 입안자들은 말합니다.

"우리는 간헐적으로 효과적인 것들을 확실한 것으로 만들어야 한다."
"우리는 연구를 통해서 무엇이 효과적인지 알아내야 한다."

하지만 제가 보기에 이런 모든 질문들은 교육을 무언가를 생산해야 하는 도구로 취급하는 관점입니다. 제가 보기에 이것은 매우 이상한 생각입니다. 왜냐하면 저는 자신을 선생님으로 여기지 도구로 여기지 않기 때문입니다.

저는 제 일을 생산하는 일이 아니라 교육하는 일로 여깁니다.

교육은 효과적이어야 한다고, 효과적인 부분에 집중해야 한다는 이 모든 말들은 놓치고 있습니다. 무엇을요? 바로 교육 그 자체의 통합성을 놓치고 있습니다.

교사의 일은 실제로 통합성에 대한 것입니다. 그리고 제 생각에는 도구로서의 교육을 이야기하는 것은 교사가 하고 있는 일을 전혀 포착하지 못한 결과입니다.

그러니 이제 해야 할 더 중요한 말은 교사가 실제로 교육의 핵심이 무엇인지 스스로 이해하고 있는 것이 정말로 중요하다는 것입니다. 왜냐하면 급변하는 상황 속에서 교사가 교육의 핵심을 이해하지 못하고 있으면 그저 갖가지 의제를 넘나들면서 활용되는 도구에 종속되기 때문입니다.

그리고 도구로 활용되는 종속적 주체가 되면 어떤 의제나 비전이 교육에 반한다고 느껴져도 반대를 말하기가 매우 어려워집니다.

5. 교육과 가르침의 통합성에 대한 탐험

이 글에서 여러분과 함께 나누어 보고자 하는 경험이 있습니다. 그것은 바로 교육의 통합성, 가르침의 통합성이라고 말하는 것에 대한 탐험입니다. 가르침 자체는 실제로 무엇인가 하는 문제를 더 깊이 경험하거나 들여다보는 일 말입니다.

교육의 통합성을 위한 고민은 저의 훌륭한 동료들이 함께 오랫동안 논의해온 문제입니다. 10년 전 저도 그 작업에 작게나마 참여할 수 있었지요. 그때 함께 교육 선언문을 작성해보기도 했습니다.

당시 교육 선언문에서 우리는 정말로 교육을 옹호해야 한다고 말했습니다. 왜냐하면 교육이 한 가지 목적만을 알기 위해 가득 차 있거나, 특정 정책을 전파하기 위한 결과이거나, 사회적 특권 신분을 만드는 과정으로 이루어져 있다면, 교육은 그 자체가 위험하기 때문입니다.

5.1 교육 그 자체의 핵심은 교육능력에 있는 것인가?

하지만 사실, 교육 그 자체에 대한 우려는 매우 오래된 것입니다. 중요한 유럽 학자 중 하나인 헤르바르트는 20년도 더 전에 이미 말했습니다. 교육은 '식민지'라고 부르는 것이 되어선 안 된다고요.

교육의 외부에서 온 사람들은 현재 교육의 현장 어디에 있나요? 교육에 발을 들여놓고, 교육에 관해 말하는 사람들은 진짜로 그들이 할 수 있는 교육에 관한 일이라고 말할 수 있나요? 헤르바르트는 예를 들어, 심리학이나 철학, 사회학의 침투를 걱정하였습니다. 교육 자체에 그 학문들이 무엇을 할지 걱정했습니다.
헤르바르트는 교육에 있어서 정말 고유한 것이 무엇인지 명확하게 설명할 수 있는 방법을 찾고 있었습니다. 교육의 핵심 개념들을 찾고 있었던 것이지요. 그리고 실제로 교육과 가르침에 해당되는 개념으로 그는 교육능력(educability)을 제안하였습니다. 그는 교육자로서 우리는 우리가 학생들을 교육할 수 있음을, 우리가 학생들을 가르칠 수 있음을 장담해야 한다고 말합니다.
그리고 교육 그 자체에서 기원한 어떤 핵심 개념들이 또 있을까요? 어떤 종류의 개념들이 교육에 있어서 의미가 있는 아이디어나 단어들인지 생각하기 시작하면 흥미로운 생각들이 많이 떠오릅니다.

5.2 교육 그 자체의 핵심은 방향을 가리키는 것에 있는가?

교육에 필요한 개념들을 찾는다? 그렇다면 사실 교육 바깥에서 무엇을 찾는 것은 큰 의미가 없습니다. 우리가 핵심적인 교육 개념들을 찾는다면 "교육 그 자체는 무엇에 대한 것인가?" 이 물음의 의미로부터 시작해야 할 것입니다.

이 물음의 의미를 찾아보면서, 제가 여러분과 나누고 싶은 교육의 통합성을 생각해 보겠습니다. 교육의 통합성에 대한 개념 중 중요한 것은 현대 독일의 교육학자 클라우스에 의해 비롯된 것들이 있습니다.

클라우스는 단순히 교육과 교육의 형태를 관찰함으로써 교육의 독특함과 가르치는 것의 독특함을 찾을 수 있다고 하였습니다. 교육이 작동하는 방식을 말하는 것을 통해 교육에 대해 말할 수 있다는 것이지요.

그래서 그는 교수법의 독특한 형태와 운영에 대해 이야기합니다. "당신이 말할 수 있는 것을 가리킨 것, 방향을 알린 것에 초점을 맞추자"라고 말합니다.

즉 의회에서 누군가 제안하는 것은 어떤 방향을 가리킨 것입니다. 우리가 대화에서 하는 가장 기본적인 일은 어떤 방향을 제기하는 것입니다. 우리가 가르쳤을 때 우리는 싸웠습니다. 싸운 이유는 방향이 달라서입니다. 여러분은 또한 제가 파워포인트를 사용하고 있는 것을 볼 수 있을 것입니다. 이 파워포인트는 어떤 중요점의 방향을 가리키는 일을 합니다. 클라우스는 방향을 가리키는 일, 지목하는 일이 가르침과 깊은 관련이 있다는 것을 발견했습니다.

이것은 사실 모든 선생님들이 사용하는 기본적인 방법이라고 말할 수 있습니다. 우리는 학생들에게 무언가를 할 것입니다. 무언가의 행위 안에 특정한 방향을 지시하지 않고 교육을 할 수

는 없습니다. 방향의 알림, 무언가를 보게 하는 것, 가리킴은 교육의 핵심입니다

5.3 플라톤, 올바른 방향을 보게 만드는 것이 교육이다

여러분이 서양 철학에 관심이 있다면, 이미 플라톤의 작품에서 가르치는 것에 대한 정확한 생각을 찾을 수 있습니다.
가르치는 것은 무엇인가요? 그것은 학생들의 눈에 통찰력을 집어넣는 것이 아닙니다. 플라톤은 교육이 우리 학생들이 확실하게 올바른 방향을 보게 만드는 것이라 말합니다. 가르치는 것은 학생들의 시선을 잘못된 방향에서 특정 방향으로 돌리는 것과 관련이 있습니다.
이 관점은 아주 오래되었습니다. 그리고 제가 흥미롭게 생각하는 것은 이것이 매우 지속적인 아이디어라는 것입니다.
여기 교실 사진이 있습니다. 여기서 무슨 일이 일어나고 있는지 보면요. 무언가를 가리키고 있는 선생님이 보입니다. 그리고 교실은 모든 학생들이 선생님이 무엇을 원하는지 볼 수 있도록 구성되어 있습니다.
그리고 여러분이 교실과 학생들과 선생님들이 교실에 배치된 방식에 대해 생각하기 시작할 때, 여러분은 교실이 이 아이디어를 바탕으로 작동하는 것을 볼 수 있습니다. 선생님은 학생들의 주의를 끌기 위해 노력하면서 무언가를 가리키고 있습니다.

이것은 꽤 오래된 사진입니다. 아마도 75년 전의 교실일 것입니다. 그리고 많은 사람들이 이것들이 낡고 구식인 교실이라고 말합니다. 우리는 더 이상 학생들이 이런 교실을 갖기를 원하지 않는다고, 교실은 훨씬 더 역동적이어야 한다고 말합니다.

제가 흥미롭게 생각하는 것은, 여러분이 현대 기술. 인터넷, 유튜브를 찾아본다면, 거기에 사람들이 무언가를 가르치고 설명하는 수천 개의 비디오가 있다는 것입니다.

여기 이 예시는 이케아의 의자를 조립하는 방법을 알려주는 영상입니다. 이케아는 한국에도 매장이 있을 것 같은데요. 글로벌해요.

사람들이 다른 사람에게 무언가를 설명하려고 할 때, 여러분은 이 기본적인 형태를 볼 수 있습니다. 누군가가 말하고 있는 곳에서, 핵심은 그것에 주의를 기울입니다.

하나 더 보여드릴게요. 아주 기본적인 생각입니다. 여기는 메릴랜드의 대학교입니다. 제가 일을 했었어요.

대학은 그들이 처음부터 캠퍼스에 새로운 건축물을 짓기 위해 가장 유행하는, 세계적으로 유명한 건축가 중 한 명이 참여해서 아주 기뻐했습니다.

제가 꽤 흥미롭게 생각했던 부분은 매우 포스트모던하고 세련된 건축가들이, 학생들이 앉을 수 있고, 선생님이 그들에게 교육을 하기 위한 공간을 만들 때, 학생들에게 무언가를 가리키기 위해 그들 앞에 서 있을 수 있는 매우 전통적인 건물을 지었다는 것입니다. 마치 이 생각을 보여주듯이 말이죠.

5.4 가르친다는 것은 누군가의 시선을 빼앗는 예술

가르치는 것은 누군가의 시선을 지시하는 것이라고 말할 수 있습니다. 아니면 누군가의 시선을 돌리는 일이거나. 그래서, 학생이라면, 이 방향을 보고, 교사의 손가락으로 방향을 가리키면서 앉아 있도록 자리가 배치됩니다. 그리고 학생들은 그 방향을 보고 있습니다. 그리고 저는 이 과정을 하나의 '기예'라고 말하고 싶습니다.

그래서 아주 기본적인 수준에서, 독일의 교육 작가가 가르침을 기술한 문장을 그대로 인용하자면, "교육은 누군가의 시선을 돌리는 기예"라고 말할 수 있습니다.

이것이 하나의 '기예'임을 증명하는 것이 왜 중요할까요? 왜냐하면 이 "가리키기", 이 행위의 특징에 대해 정말 흥미로운 점이 있기 때문입니다. 제가 무언가를 가리킬 때, 저는 제 학생들이 무조건 따르도록 강요할 수 없습니다. 저는 최선을 다하지만, 학생들이 시선을 바꿀 것이라고 장담할 수는 없습니다. 그들이 제가 원하는 방향을 제대로 볼 것이라고요. 저는 단지 그것을 환기시킬 수밖에 없어요. 제안할 수밖에 없습니다. 학생들이 제가 그들에게 무엇을 가져다줄 것인지에 관심을 갖기를 바랄 뿐인 상태입니다.

따라서 가르치는 것은 예술, 기예이지 과학, 기술, 기계가 아닙니다. 가르치는 것의 기본적인 몸짓은 누군가의 시선을 지시하거나 방향을 바꾸는 것입니다. 우리는 가리킴을 조각내어 분절해서 보게 할 수도 있습니다. 그리고 그것은 학생들의 관심을 끌거나 방향을 바꾸는 것에 관한 것입니다. 그래서 비록 어떤 조각을 보는 것에 관한 것일지라도, "저기 보세요. 학생 여러분들이 관심을 두고 싶은 것이 저기에 있을 수 있습니다." 즉, 가르치는 것은 학생들이 우리가 가리키는 것에 그들의 관심을 집중하기를 바라는 마음에서 '학생들의 관심을 끌기 위한 예술'이라고 말할 수 있습니다.

5.5 교육에는 세 번째 등장하는 것이 있다. - 교육의 3가지 요소는 무엇인가?

제가 말하고자 하는 것 즉 가르치는 것이 무엇인지에 대한 가장 기본적인 측면으로 가자는 이야기의 핵심에 다가왔습니다. 즉 가르친다고 하는 것은 주의를 기울이도록 하는 것입니다.
그런데 사실 단순히 가리키기만 하는 것일까요? 실제로 잘 들여다보면 교사가 가리키는 것은 단순히 "거기 보세요!"라고만 하는 것이 아니기 때문에 매우 흥미로워집니다.
우리는 무언가를 가리킬 때 동시에 두 가지 일을 합니다. 가리키면서 누군가를 향해 무언가를 꺼내 놓습니다. 우리는 항상 그렇게 특정한 누군가를 무언가로 끌어당깁니다. 여기에서 두 가지 일이 일어나고 있는 상태를 파악할 수 있습니다. 우리가 손가락으로 가리키면서, 일반적인 의미에서 단순히 "거기 봐!"라고 말하는 것이 아니라, 특별히 한 학생이나 한 무리의 학생들에게 "거기 봐!" 그들에게 말합니다. 우리가 가리키는 것은 단순히 무언가를 가리키는 것이 아니라 누군가에게 무엇을 보라고 말하는 것입니다.

여기서 교육을 구성하는 세 가지 요소를 드디어 말해야 하겠군요. 교육은 항상 세 가지 요소로 구성되어 있습니다. 선생님이 있고, 학생이 있고, 세 번째, 무엇 즉 교육의 내용, 혹은 주제, 화두라고 말할 수 있는 것들입니다. 학생들은 관심과 주의를 집중하려고 노력하고, 교사는 어떤 특징이 있는 것을 보여줍니다. 테이블 위에 올라온 그 무엇이 교사와 학생을 연결합니다. 구조는 간단하지만 매우 정밀합니다.

가르침의 관계 속에 있는 3가지 요소는 명료하게 말하면, 학생, 주제, 그리고 교사입니다. 교사는 학생과 주제가 연결되도록 노력합니다. 그리고 세 가지 요소를 위한 세 가지 도구를 가지고 있습니다. 교육과정, 즉 우리가 학생과의 상호작용을 조직하는 방식, 그리고 학생에게 말하는 교육학, 또 학생과의 작업에 대한 피드백으로서의 평가가 그 세 가지 도구입니다.

5.6 교육이 단지 지적인 작업이라고 하는 것은 오해다

사람들 중 일부는 교육이 매우 지적인 작업인 것처럼 말합니다.

사실 그렇지 않습니다. 교육은 손의 일에서 시작된다고 말할 수 있습니다. 우리는 손으로 작업을 하고 손으로 가리키면서 교육합니다. 손가락으로 방향을 가리키지요.

그리고 학생들과 작업을 하면서 무언가에 주의를 기울이도록 초대하기 위해서 몸을 활용하기도 합니다. 이렇게 손과 몸을 사용하여 가르치는 일은 육체노동의 한 형태입니다.

교사가 할 수 있는 일은 보통 여기까지의 일입니다. 우리는 온 몸을 활용하여 관심과 주의를 끌고자 하는 시도, 방향을 가리키는 시도를 합니다. 학생의 주의를 강제로 끌어오거나 강요할 수 없습니다. 그리고 통제할 수도 없습니다.

5.7 통제 가능하다는 착각 그리고 통제가 교육이라는 착각

일부에서는 학생들의 관심을 통제하는 것이 가능하다고 생각하는 사람들도 있습니다. 하지만 실제로 그것은 마치 그들의 모자를 가져다가 우리가 가리키는 방향대로 줄을 맞추어 놓은 것과 다를 바가 없는 상태라고 할 수 있습니다. 사람의 눈을 고정시키거나 마음을 강요하는 일은 불가능하며, 가능하다면, 그것은 끔찍한 일이 아닐 수 없습니다. 동시에 이것은 더 이상 교육일 수는 없는 상태입니다. 하지만 어떤 연구들은 효과만 있으면 끔찍해도 교육인 것처럼 발표하기도 합니다.

교육을 연구한다면, 우리는 학생들이 실제로 무엇을 응시하는지 그리고 어떻게 눈, 관심이 움직이는지 조사할 필요가 있습니다.

5.8 교육적 차이, 가르침이 모두 배움이 되지는 않는다

'교육적 차이'에 관한 이야기를 시작해 봅시다. 그것은 교사인 우리가 하는 일과 학생들이 우리의 일에 대응하여 하는 일 사이에 일종의 차이가 있다는 것을 의미합니다. 이 차이는 정말 근본적이고 중요한 차이입니다. 우리는 그것을 가르침과 배움의 차이라고 부릅니다.

그리고 나는 가르침이 언제나 배움을 유발하지 않는다고 말하고 싶습니다. 이 의미에 대한 흥미로운 성찰들이 있습니다.

배움이 어떻게 일어났는가 하는 자체는 우리가 결코 볼 수 없는 것입니다. 하지만 시간이 지남에 따라 학생들에게 일어난 변화는 볼 수 있습니다. 어떤 때는 학생이 무언가를 할 수 없고, 다른 때는 학생이 무언가를 할 수 있는데, 할 수 있는 학생의 상태에 대해 우리는 그 학생이 배웠구나, 라고 말해줍니다.

교사는 세 가지 전제를 알고 있어야 합니다. 첫째, 수동적으로 배우는 것이 존재한다고 가정해야 합니다. 그러나 그것은 외부를 통해 일어나는 약간의 변화입니다.

둘째, 학생들이 노력해서 배울 수 있다고 가정해야 합니다. 이때 학생의 배움은 개인적입니다. 배움의 흔적, 변화한 것을 볼 수는 있지만 배움 자체는 볼 수 없습니다. 학생들에게 기술이나 동작을 연습하라고 한다면, 그들이 동작을 할 수 있을 때, 그들이 우리가 하라는 것을 모방할 수 있을 때, 우리는 학생들에게 배움이 일어났다고 말합니다. 우리는 학습 자체가 아니라 학습의 사진을 볼 수 있습니다. 배움은 우리가 볼 수 있는 것이 아니라고 말합니다.

셋째, 가르침이 모두 배움이 되지 않으며, 가르친 것을 기계처럼 따라 하는 배움도 있습니다. 우리가 학생들에게 일을 시켜서 학생들이 기계적으로 하는 경우 이것은 배움이라고 보이긴 합니다. 하지만 진심 어린 배움은 아닐 수 있습니다.

5.9 완벽한 교육을 하면 학생의 자리는 없어진다

우리는 때로 교육을 완벽하게 만들어서, 우리가 원하는 것을 확실히 얻고 싶어 합니다. 그러나 그렇게 하면 더 이상 학생을 위한 공간은 없어지고 맙니다. 우리는 학생들을 위해 그리고 교사 자신을 위해 교육적 차이를 보호할 필요가 있습니다. 차이를 모두 좁히고자 하는 노력보다는 차이를 이해하려는 것이 더 필요하다고 생각합니다.

교사가 가르치는 것과 학생들이 배우는 것의 차이가 어떻게 생기는가를 아는 것은 정말 중요합니다.
우리는 이것이 해결되어야 할 문제가 아니라고 생각합니다. 왜냐하면 그 차이가 있는 곳이 실제로 학생들이 있는 곳이며, 차이를 갖고 있는 학생들이 있어야 그런 차이가 어떻게 나는지를 이해 가능하게 만들기 때문입니다.

5.10 가리킴의 이중성

우리가 가리킬 때, 우리는 학생들을 무언가에 관심을 갖도록 초대합니다. 우리는 단순히 말하는 것이 아닙니다. 교실에 자극-반응 기계들이 있어서 우리가 그것들을 통제해야 하는 게 아닙니다.

우리는 각 학생들에게 "저기를 보세요"라고 말하며 초대하는 것입니다. 모든 학생들에게 관심을 호소하는 것입니다. 이 과정에서 "주체"라는 용어에 대해 말할 수 있습니다. 저는 제 용어를 써서 설명하겠습니다. 교육 안에서 학생들은 국가의 국민 중 하나가 아니라 자기 인생의 주체로 있기를 원한다는 것을 강조하기 위한 단어, "주체화"입니다.

그러면 학생들은 무엇을 해야 할까요?

무엇을 해야 할 것인가는 학생들에게 달려 있습니다. 물론 우리는 기대와 희망을 가지고 있습니다. 예를 들어, 우리는 학생들과 함께 교과서를 읽고 교과서를 연습한다면, 그들이 내면의 이해와, 일을 할 수 있는 기술과 능력을 얻게 되기를 바랍니다. 그러한 기대들은 중요하지만, 우리는 그들이 그렇게 하도록 강요할 수는 없습니다. 항상 이런 이상한 작은 틈이 있습니다.
학생들이 어떤 방향으로든 갈 수 있다지만, 그것이 전적으로 학생들에게 달려있다는 뜻일까요?
학생들이 스스로 이해하고 해석해서, 지식 구조를 다루어야 할 필요가 있다고 말하는 것이 존경받을 수 있는 일이라고 생각하기도 합니다. 학생들이 세계를 배우고, 이해하고, 숙달하고, 세계로 나아가기 위한 준비를 하는 사이에 무슨 일이 일어나는지 생각해봅니다. 하지만 저는 이렇게 세계를 나를 중심으로 이해하고 배우는 관계가 유일한 관계라고 생각하지는 않습니다.
반대 방향의 관점에서 할 수 있는 중요한 질문이 있습니다.
"이것은 나에게 무엇을 묻는가?" 하는 질문입니다.
"이 자연이 나에게 묻는 것은 무엇인가? 오늘의 역사가 나에게 묻는 것은 무엇인가? 지금의 이 사회적 환경이 나에게 묻는 것은 무엇인가?"

저는 이 질문이 아마도 더 흥미로운 교육적 질문이라고 생각합니다. 제가 사람들에게 요구하는 질문은 훨씬 더 생산적이고 흥미로운 질문입니다.
왜냐하면 "내게 묻는 게 뭐지?"라는 질문은 누군가가 당신에게 그것을 보고 당신에게 묻는 것이 무엇인지 알아내라고 할 때, 당신은 그 질문을 두 번 말할 수 있기 때문입니다.
선생님은 세상에 관심이 많은 학생을 깨우려고 노력하고 있습니다. 아이디어의 특질, 그 작은 아이디어, 그 다음에, 제가 몇 가지 결론을 도출할 것입니다. 그리고 나서 또 우리가 이야기를 이어가자면 할 이야기는 엄청나게 많습니다.

5.11 가리킴에 대한 교사로서의 입장

마지막으로 제가 말씀드리고 싶은 것은 학생들에 대한 가리키기와 관련하여 우리가 교사로서 갖는 입장에 대한 것입니다.
가르치는 것은 근본적으로 관계적인 것이고, 가르침의 관계는 선생님과 학생 사이의 관계입니다.
관계의 측면에서 교사는 어려운 입장이 되는 일이 자주 있습니다. 왜냐하면 교사는 학생들에게 "나에게 주의를 기울이세요", "나를 따르세요"라고 말하는 권위 있는 인물이 되기도 하고, 만약 교사가 그 자리에 있고 싶지 않고 사라지기 시작하면 "당신은 이미 스스로 배우고 있고 나는 그저 필요하다 싶을 때 도움을 줄 것입니다"라고 말하는 입장을 취하기도 하기 때문입니다. 그리고 이 두 가지 입장 모두가 만족스럽지 못합니다. 뭘 놓친 것 같나요?
그래서 여기서 저는 그 전에 언급된 아이디어로 돌아갑니다.
교육에서, 우리는 항상 삼각형 안에 있습니다. 선생님과 학생 그리고 무엇인가의 삼자 개념이라고 말할 수 있습니다.
궁극적으로 우리는 학생들이 그들이 보길 바라는 것에 참여하기를 원합니다. 그리고 우리는 그들에게 무엇이 되었는지, 무엇을 발견했는지 말해주기 위해 있는 것이 아닙니다. 교사들이 학생 옆에 있는 이유는 무언가를 요구하는 것입니다. 우리가 학생들에게 요구하는 것은 또한 관계를 맺기 위해 필요한 것입니다.

교육의 중심에 있는 것은 무엇일까요? 그것은 교사도 아니고 학생도 아닌, 교사가 학생의 관심을 집중시키고자 하는 세상입니다. 저는 지난여름에 나온 작은 책, 〈세계 중심의 교육〉에서 훨씬 더 자세하게 아이디어를 전개해보았습니다. 그 책에는 독일의 극작가 브레히트의 인용구를 소개했습니다. 브레히트는 정말 흥미로운 말을 합니다.

"모든 선생님들은 때가 되면 가르치는 것을 멈추는 법을 배워야 합니다."

정말이지 정확합니다. 어느 시점에서 교사들은 학생들을 떠나기 시작해야 합니다. 브레히트는 교사가 언제 떠나기를 시작해야 하는지 알기란 매우 어렵지만 가르침에 있어서 중요한 일이라고 말합니다. 우리가 교사로서 물러났을 때, 현실이 교사의 자리를 대신하여 학생에게 임할 수 있습니다.

왜냐하면 궁극적으로, 우리 모두는 교사의 도움 없이 현실에 참여해야 하기 때문입니다.

팬데믹 이후 교육은 정말 교육인가?

이제 '팬데믹 이후의 교육'입니다. 저는 이번 팬데믹이 상당히 파괴적이었고 많은 사람들이 교육의 파괴에 대해 우려하고 있다고 말하면서 시작했습니다. 그리고 많은 나라들이 교육에 압력을 가하고 있는 것을 보았습니다. 학생들이 손실된 과정을 따라잡도록 도울 필요가 있고 교육 시스템이 다시 정상 궤도에 오를 수 있도록 할 필요가 있다고 하면서 말입니다. 교육에 대한 다양한 압력과 방향 제시가 교육 시스템에 여러 혼란을 야기했습니다.

제가 하고 싶은 말은 우리가 방향 감각을 유지할 수 있는 유일한 방법은 우리 일의 진정한 핵심이 무엇인지 여러분의 마음속에 간직하는 것입니다. 그리고 저는 모든 교육의 핵심에는 주의의 문제, 관심의 문제가 있다고 주장했습니다.

어떻게 하면 우리 학생들이 무언가 주의를 기울일 수 있도록 도울 수 있을까요? 저는 팬데믹이 우리 인류 또는 사회 문화가 무엇에 주의를 기울여 왔는지, 무엇에 관심을 두고 우리가 살아왔는지에 대한 질문을 제기했다고 생각합니다.

하지만 교육자로서 우리에게 엄중한 질문은 우리가 실제로 학생들이 깨어있도록 돕고 있느냐 하는 것입니다.

만약 여러분과 우리가 지금 최고의 일을 하고 싶다면, 무엇이 교육을 특별하게 만드는지 이해하는 것이 중요하다고 생각합니다.

교육은 단지 도구가 아닙니다. 교육의 정말 흥미로운 특징은 학생들의 관심을 얻고 주의를 붙잡기 위해 애쓰는 교사의 가리킴에 있습니다. 우리는 그들에게 주목해달라고 합니다. 그리고 이 가리킴, 방향을 안내함, 관심과 주의를 끄는 것이 교직의 핵심임을 우리가 이해한다면, 교육에 대한 방향 감각을 잃지 않을 것이라고 생각합니다.

팬데믹 이후, 교육을 도구화한 여러 행위들과 조치들에 대한 실제 결과를 확인해보아야 한다고 생각합니다. 그게 교육인지에 관한 영수증을 보여달라고 하고 싶습니다.

여기까지가 제가 여러분과 공유하고 싶었던 내용입니다.
여러분께 너무 낯설지 않았기를 바랍니다.
저는 우리가 이제 대화를 할 수 있기를 바랍니다.
그리고 우리가 무엇을 실천할 수 있는지 찾아봅시다.
미리 녹화된 이 강의에 관심을 가져주셔서 정말 감사드리고 여러분들을 직접 만날 수 있기를 기대하고 있습니다.

감사합니다.

교사들의 6가지 질문

● 교사 구본희

1. '교사 주도성에서 신념의 역할'을 재미있게 읽었습니다. 과거에서부터 오는 교사의 신념과 미래를 향한 신념은 교사 주도성에서 어떤 역할을 하나요? 왜 교사 주도성에서 신념이 중요하다고 생각하십니까?

2. 학교에서 교사가 동료들과 교육철학을 이야기하는 것은 왜 중요합니까? 어떻게 학교에서 이것이 가능할까요? 그러기 위해 어떤 시스템이 필요할까요?

3. 교사가 전문가로 성장하기 위해 교사 교육은 어떤 방식으로 이루어져야 합니까?

● 교사 김진혁

1. 사람은 다른 사람과 함께 살아가는 존재입니다. 그런데 사람들은 누군가에 의해 자기 결정권을 빼앗기며 살아갈 수 있습니다. 쉽게 말해, 사람들은 자기답게 살지 못할 수 있습니다.

그래서 학생들을 성숙한 존재로 이끌어야 한다고 말씀하신 것 같은데 맞는지요?

2. 성숙함의 기준은 명확하지 않을 뿐더러 부모들은 자기 자녀가 좀 더 성숙한 모습으로 변화해야 한다는 평가 받는 것을 불편해하고, 기분 나빠합니다. 그래서 심지어 교사들은 학부모가 화내지 말라고 성적표에는 좋은 말만 써줍니다. 여러 가지 이유로 학생들을 변화시킬 수 있다고 믿는 교사들이 점점 줄어드는 것 같습니다. 자신의 정년은 교사가 정할 수 없고 대신 학생들이 정해준다는 농담도 있습니다. 복잡하고 어려운 것보다 쉽고 편한 것이 미덕인 요즘, 교사들이 학생들을 성숙한 삶으로 안내하려는 용기를 가질 수 있을까요? 사실 교사 자신도 미성숙한 존재인데 말입니다.

● 교사 정현숙

1. 코로나19와 함께 스마트 교육은 더욱 힘을 얻고 학교 교육은 더욱더 측정이 강화되고 통제 시스템은 힘을 얻고 있습니다. 학교라는 조직 체계 속에서 사회화가 잘 된 교사들이 학생들의 주체화 교육을 위해 가장 중점을 둬야 하는 것이 무엇이라고 생각하십니까?

2. 한국은 컴퓨터 관련 산업 강국이며 인터넷 최강국입니다. '빨리빨리'로 대표되는 국민성이 기술을 만나 엄청난 경제 성장과 함께 끝없는 경쟁과 더불어 극단적 이기주의 현상이 일어났습니다. 이 속에서 좋은 교육을 위해 교사들이 가장 우선시해야 할 것은 무엇이라고 생각하십니까?

3. 대부분의 교사들이 좋은 교육을 하고 있다고 생각하지만 실제로 효과적인 교육을 좋은 교육이라 생각하고 있는 것이 사실입니다. 좋은 교육을 하기 위해 교사가 가져야 할 가장 첫 번째 조건이 무엇이라 생각하십니까?

● **교사 강다윤**

1. 교육철학은 교육과 사회에 대해 큰 그림을 볼 수 있게 해 주고, 나침반으로서의 역할을 하는 것 같습니다. 교수님께서는 코로나 이후의 우리 사회가 당면할 문제가 무엇이라고 생각하시는지, 또는 우리 교육 현장이 당면할 문제가 무엇이라고 생각하시는지 듣고 싶습니다. 그리고 이러한 문제들과 부딪히며 가르침을 실천할 교사들에게 필요한 교육철학은 무엇인지 듣고 싶습니다.

2. 교수님의 〈가르침의 재발견〉이라는 논문을 읽고 많은 것을

생각했습니다. 학습과 대비되는 의미로서의 '가르침'에 대해 진지하게 생각해 볼 수 있는 계기가 되었습니다. 논문을 읽으면서 '교육철학'을 공부하는 것이 '교육철학자'들만의 영역이 아니라 교사가 반드시 해야 할 일이라는 것을 생각하게 되었습니다. 교사가 교육철학자로서 '교육철학을 한다'라는 행위는 무엇을 시작으로 어떤 과정으로 해야 하는지, 교육철학 입문자들에게 조언 부탁드립니다.

● 교사 구소희

1. 2022학년도 한국에서는 '교육 회복'이 큰 이슈가 되고 있다. 학교는 전면 등교를 기본으로 하고 코로나 상황에 따라 자율적으로 수업 방식을 논의해서 정하도록 하고 있습니다.
 일부에서는 등교는 비본질적인 것이고 본질은 정상적인 수업이라고 한다고 주장하기도 합니다. 그러나 교사로서 학교에서 만나는 아이들에게 비본질적인 등교가 그들의 삶에 많은 영향을 주고 있음을 봅니다. '등교' 자체가 교육의 강력한 언어이자 약한 언어가 아닐까 하는 생각이 듭니다. 교육의 강점과 교육의 약점을 명확하게 구분할 수 있는 것인가요?

2. 교과를 통해서도 주체화를 이루어 갈 수 있지 않을까요? 교수님은 교육의 강한 영역의 끝에 교육의 약한 영역이 존재하

고 있다고 하였습니다. 교육의 약한 영역과 교육의 강한 영역이 정말 양극단의 모습일까요? 함께 존재해야 하지 않을까요?

3. 교육 회복을 화두로 학교에 학습지원과 정서 지원을 위해 막대한 예산이 쏟아지고 있습니다. 학습부진 학생을 가르치고, 정서지원 기관으로 연계하라는 의미입니다. 예산을 쏟아붓는 것으로 교육 회복을 이야기하는 이들에게 조언을 부탁합니다.

4. 코로나 시대를 지나면서 좋은 교육이라고 하면 어떤 것을 떠올려야 하는지 궁금합니다.

거트 비에스타 교수와 한국 교사들과의 대화

1부 : 김원석 선생님과의 대화

거대한 교육 통제의 시대에 접어들며

◾ 김현수 :

교수님께서 동영상 강의를 해주셨는데, 이 동영상 강의에서 특별히 담고자 하는 메시지, 혹은 어떻게 보았으면 하는 것이 있으신가요?

◾ 거트 비에스타 :

"팬데믹 이후 통제가 심해진 교육 분야에서 어떻게 본래의 감각과 방향을 찾고 원칙을 지킬 수 있는가?"

여러 선생님들이 각자가 의미 있는 부분을 찾을 수 있으면 좋겠습니다. 어쨌든 저는 동영상을 만들 때, 교사들이 당면한 어려움에 대해서 다루고 싶었고, 그중에서도 핵심이 되는 부분들을 여러분들이 찾아가시길 바라며 녹화를 했습니다.

우리가 교사들의 가르침에 대해서 잘 이해하고 있기는 하지만, 이번 팬데믹을 통해서 우리가 배울 수 있는 새로운 교훈들에 대해서 더 잘 알아가실 수 있기를 바랍니다. 그게 아마 오늘 제 발표에 주요 골자가 되지 않을까 생각합니다.

많은 나라들의 정부가 여러 고민을 하고 있습니다. 또한 지금 이런 상황에서 팬데믹이 끝나고 나면 학교가 어떻게 변화해야 되느냐? 하는 질문도 많이 하고 있습니다.

각국의 정부들은 팬데믹 이후 교육을 더 통제하려 하고 있습니다. 통제가 더 강화된 교육의 체제하에서 교육은 더 큰 부담을 안게 될 것입니다. 그래서 우리는 교사의 가르침이 무엇인지, 교육이 무엇인지의 핵심을 다시 한번 정리하고 상기하면서 대응할 필요가 있다고 봅니다. 본질, 원칙을 상기해보면서 미래 방향을 좀 더 명확하게 정립해야 교육에 대한 압박과 부담을 줄일 수 있습니다. 다시금 본질이나 원칙을 상기하는 것이 복잡하다고 할 수 있지만 그런 부분에서 제 입장을 설명하고자 영상을 보여드립니다. 여러 가지 의미가 담겨 있습니다. 여러분들이 보시고 질문을 해주시면 감사하겠습니다.

김원석 선생님과 비에스타의 토론

■ 김현수 :

비에스타 선생님의 영상 강의를 보았습니다. 첫 번째 세션에서는 김원석 비서관님이 나서서 비에스타 선생님과 토론을 해주실

예정입니다. 김원석 비서관님은 영국에서 교육사회학을 전공하고 한국에서 교육정보연구원에서 일하시다가 지금은 국회의원 강민정 의원실에 선임비서관으로 일하고 계십니다. 교육과 사회의 다리를 놓아주시고자 노력하고 계십니다.

◼ 김원석 비서관님 (이하 김원석) :
중요한 자리에 초대해주셔서 감사합니다. 비에스타 선생님의 글과 생각을 평소에도 좋아했었습니다. 그런데 오늘 온라인 상으로나마 이렇게 만나게 되어 너무 좋습니다. 연구자로서 비에스타 선생님의 생각과 글을 접하는 것과, 아마 뒤에 이어질 한국의 교사분들이 비에스타 교수님의 이야기를 어떻게 느낄지 지켜볼 수 있어서 너무 뜻깊습니다.
제가 평상시에 비에스타 교수님의 글과 생각에 관심을 갖게된 계기는 제가 교육 철학자나 사회 철학자들을 공부하면서 비에스타 교수님을 접하게 되었는데, 그중에서 글을 가장 명료하게, 매우 근본적인 질문, 철학적인 질문을 놓치지 않으면서도 잘 설명해주셔서 너무 좋았습니다.
제가 말씀을 드리고자 하는 주요 내용은 비에스타 선생님께서 보여주신 영상의 내용이 저 자신에게 어떤 질문이었는지, 비에스타 선생님의 글은 저에게 어떻게 다가왔는지를 이야기를 해보도록 하겠습니다.
제가 하는 이야기는 비에스타 선생님의 강의를 짧게 정리하는 이야기가 될 수도 있을 것 같습니다. 그것을 바탕으로 이후의 선생님들께서 충분한 더 깊이 있는 논의를 해주시면 좋을 것 같습니다.

첫 번째로 위기의 시대에 대한 진단을 해주셨습니다. 위기의 시대에 진짜 위기가 무엇인가?를 이야기해주셨다고 저는 생각하고 있습니다. 이 위기의 시대가 카오스가 아닌데, 어떤 혼란의 상태를 이야기하는 것이 아니라, 대전환의 계기점을 제공해야 하는데 왜 만들지 못하는 현실에 대해 말씀해주셨습니다.

수많은 솔루션의 부분에 문제가 있다고 지적을 하십니다. 예를 들어서 저희도 코로나 팬데믹 이후의 교육에 대해서 교육 손실이다, 미래 교육 준비해야 한다 등의 비슷한 교육적 처방들이 제기되고 있고, 교육적인 아젠다들이 많이 나오고 있습니다. 그러나 그러한 교육적 의제나 교육적 처방들이 우리가 기대하는 것처럼 현실에서 작용하지 않고 있습니다. 왜 그럴까요?

그리고 심지어 대전환이라는 말에 걸맞게, 어떤 특정한 사유나 실천의 계기가 제공되지 않는다는 것에 대한 고민이 들었습니다. 그럼 왜 그럴까요? 우리는 어떤 질문들을 놓치고 있는 것일까요?

"교육에 대한 근원적 질문보다 교육을 도구화하는 문제 해결에 대한 아젠다만 넘치고 있지 않은지 점검해야 한다"

그러한 고민들이 비에스타 선생님의 강의를 통해 느낄 수 있었습니다. 선생님께서 시기에 필요한 것은 교육에 대한 근본적인 질문들, 어떤 교육이 필요하고 가르친다는 것은 무엇일까 이러한 부분적인 질문에 대해서 우리 스스로가 끊임없이 성찰해봐야 하지 않을까란 질문을 하십니다. 이러한 질문 자체가 전혀 새로운 것이 아니고 꽤 오래전부터 있어 왔지만 지금 이 시기에 근본에 관한 질문을 한다는 것에 관해 너무 이론적이고 철학적이고 추상적인 것이 아닌가 하는 고민을 합니다.

다음은 아젠다에 관한 이야기입니다, 그동안 처방적이고, 부분적이고, 단순하고 때로는 효율적이라고 하는 각종의 교육 대책들이 지속되어 왔습니다. 비에스타 교수님은 그런 정책들이 매우 도구적으로 변질될 수 있다고 보시면서 보다 근원적 차원에서의 교육의 방향성, 가르침의 의미 등에 대한 고민이 필요하다고 이야기해주셨습니다.

근원적 성찰 없이 주로 다양한 교육 의제들에 대한 집중이 이루어졌는데, 예를 들면 아이들 성적을 어떻게 올릴 것이냐 혹은 교육 불평등을 어떻게 해소할 것인가와 같은 문제들이 제기되어 왔었습니다. 이런 아젠다들의 중요한 전제가 효율성, 효과성을 바탕으로 이루어졌기에 한계가 있다고 말씀하신 바 있습니다.

교육의 어려움은 복잡성 혹은 방향성, 의지적 요소들 등등 수많은 것들이 응축된 것이 교육이라고 할 수 있는데, 복잡한 교육을 너무 단순화시키고 사회문제 해결의 도구로 사용하는 경향이 있다, 라는 이야기를 해주시는 것 같았고, 이 부분도 매우 인상적이었습니다. 교육의 통합성을 유지하는 것이 중요하고, 교육과 가르침을 이야기했을 때 우리는 어떻게 바라볼 수 있을 것인가에 대해 생각을 하게 합니다.

교육의 가장 기본적인 형태는 포인팅, 즉 가리킴이라는 것을 강조하셨습니다. 우리는 누군가에게 이거 봐봐 저거 봐봐, 라고 가리킴으로써 가르침을 시작합니다. 사실 가리킴이 곧 가르침입니다. 그러한 것들을 설명하기 위해서 들어주시는 비유를 통하여 예전 학교 모습과 현재 학교 모습을 보여주시는데 이 예시는 예전이나 지금이나 교육에는 기본적인 변치 않는 것이 있다라는 것을 설명해주십니다.

"가리킴이 가르침의 기본이고, 가르침은 예술이며, 미학이다"

또한 학교 공간은 기본적으로 가리킴의 교육이 될 수 있는 공간이어야 한다라는 것을 말씀해주십니다. 더 중요한 것은 가리킴의 목적이 누군가의 시선을 전환시키는 것, 방향을 지시하거나 새로운 방향을 다시 가르쳐주는 것이고 이것이 바로 교육의 목적이라고 말하십니다. 그래서 우리는 언제나 무언가를 가리킬 때 반드시 누군가를 경유해서 이야기를 하게 되는 거죠. 누군가로 하여금 무언가 새로운 경계를 만들게 하거나 바라보게 하거나, 그런 맥락에서 가르침이라는 것은 예술이고, 장인들의 작업이고 미학이다, 라고 이야기해주십니다.

끊임없이 가르쳐야 할 것, 가르치지 말아야 할 것의 경계를 허

물고 다시 만드는 작업이 중요하고, 이런 과정에서 수없이 복잡한 어떤 것들을 붙였다, 떼었다 놓을 수도 있다고 합니다.

교사-학생의 이중 구조에서 교육은 매우 난처한 입장에 처할 수도 있습니다. 교사가 권위적인 인물이거나 강압적이거나 단순 전달만 하는 아주 부정적이고 나쁜 상황이 발생한다고 이야기를 하시면서, 삼중 구조에서는 매개물을 가지고 소통하며, 권위를 가지는 것은 매개물이라고 이야기해주십니다.

배움은 항상 가르침과 무관하게 일어날 수 있다고 하며, 배움과 가르침은 일치하지 않는다고 말하십니다. 그렇다면 교사로서 우리가 할 수 있는 것은 무엇인가. 배움은 언제나 일어나는 것이 아니라 아이들의 시선과 관심이 어떻게 전환되고 있는가 하는 것을 지켜보는 일 때로는 기다려주는 일이라고 말씀해주십니다. 그리고 교육을 완벽히 만들거나 혹은 교육문제를 완전히 해결하겠다 이런 식의 약속은 학생들의 자리를 빼앗는 일이다, 라고 하십니다.

마지막으로 좀 더 구체적으로 변화할 수 있는 계기를 만들어 주는 것을 철학적인 표현으로 '주체화'라는 표현을 쓰십니다. 그 주체화의 두 가지 부분에 대해 말씀해주십니다. 하나는 아이들이 세계에 다가가도록 하는 것입니다. 세계를 이해하고, 세계에서 삶을 살아가기 위한 기술이나 역량을 익히도록 하는 것입니다. 이러한 접근은 조금 문제적일 수도 있습니다. 배움을 어떤 지녀야 할 속성으로 보기 때문입니다. 아이들이 갖춰야만 하고, 가져야만 하는 속성들로만 보기 때문입니다. 그러나 정반대의 길도 존재한다고 말하십니다.

'세계로부터 자신으로'(from world to self) 이것 혹은 저것이 나에게, 자기 자신에게 어떤 의미인가를 끊임없이 묻도록 하는 것입니다. 세계의 무엇이, 나에게 어떤 질문을 하고 있는지, 아이들이 세계와 현실에 관심을 갖고, 그것을 자신에 대한 질문으로 가져오고 소화할 수 있도록 만들어 주는 것입니다. 이런 맥락에서 말미에서는 가르침을 멈춰야 할 때도 있다고 말하십니다. 왜냐하면 현실이 교사를 대신해서 그들에게 배움이 일어나도록 해주기 때문입니다. 아이들이 현실에 민감해지도록 도와주면, 아이들이 스스로 성찰할 수 있을 것이라고 말합니다.

코로나 이후 전환의 시기입니다. 우리는 교육적인 활동과 의미에 대해서 얼마나 고민하고 있고 실천하고 있는지, 자칫 단기적이고 단순한 입장에서 교육을 도구화하는 문제해결식 접근에 빠져 있는 것은 아닌지 점검해봐야 한다고 비에스타 교수는 말하고 계십니다.

"자신으로부터 세계에서가 아니라, 세계로부터 자신으로 방향을 바꾸는 관점도 배움의 중요한 관점이다"

■ 김현수 :
김원석 비서관님의 정리된 의견을 들었습니다, 교수님은 어떤 느낌을 가지시나요?

◼ 비에스타 :

네, 우선 이렇게 명료하게 요약해주셔서 감사합니다. 우리는 '통합성, integrity'를 어떻게 다른 언어로 옮겨야 할지 고민을 많이 했었습니다. 통합성이라는 용어를 선택해서 쓰는데, 제가 표현하고 싶었던 것은 교육의 정말 특별한 부분, 교육이 뭐가 독특한지를 강조하고 싶었습니다.

예를 들어 교사의 직업이 의사, 혹은 변호사, 판매원 등과 어떤 점에서 확실히 다른 건지를 설명하고 싶었습니다. 판매원을 보면, 판매원들은 고객에서 상품에 대한 서비스로 안내를 하지 교육을 하는 것은 아니지요. 교육이라는 것, 교수를 한다는 것이 왜 중요하고 특별하고 독특한 것인지를 설명하는 것이 중요합니다. 여기서 통합성은 교사, 학생, 또 무엇인가의 대상을 구성하는 삼원적 구조를 갖는데, 이 구조를 말씀드리려 하고 또 그러기 위해 통합성이라는 표현을 쓰기도 하였습니다.

통합성, intergrity는 영어 안에서도 다양한 의미를 지니고 있습니다. 첫째, 통일성이라는 의미를 지니고 있기도 하고, 둘째, 교육에서의 특별함, 독특함을 말씀드리기 위해서 이러한 고유한 특징을 설명하기 위해서도 사용합니다.

교육의 통합성이 훼손되지 않는 것이 중요합니다. 예를 들어볼게요. 어떤 조각품이 있다고 생각해봐요. 어느 정도 독특함도 있고 작품의 안정성도 있다고 생각하는데, 그 조각품의 요소 요소들을 떼어 놓으면 전체적인 조각품이 망가집니다.

그래서 교육 정책이라던지 교육 아젠다들이 잘못되면 교육이라는 고유한 특성이 훼손될 수 있습니다.

또 하나 교육의 중요한 부분은 관계에 대한 부분입니다. 교육이라는 것 안에서 관계라는 것은 학생과 교사와의 관계라고 많이들 말합니다. 하지만 교육적인 관계는 이중적 구조가 아니라 삼원적 구조라는 점입니다. 교사와 학생 그리고 다른 무언가가 있다는 것, 그래서 그런 관점에서 교육의 관계가 또 고유하게 정말 독특함을 지니고 있고 중요하다라고 말씀드립니다.

"교육, 교사에게만 특별한 것은 무엇인가?에 답을 할 수 있어야 한다."

거트 비에스타 교수와 한국 교사들과의 대화

2부 : 관계의 심리학을 연구하는 교사단

(이하, 관심단) 교사들과의 대화

■ 김현수 :

다음 순서는 본격적으로 관심단 선생님들의 질문과 토론입니다. 한국 6명의 교사와 함께 대화의 시간을 갖겠습니다. 첫 번째 세션은 3분의 이야기입니다. 관계, 코로나 이후 교사와 학생, 우리는 어떤 준비를 해야 하는가에 관한 이야기를 나누려고 합니다. 가장 먼저 관악중학교 구본희 선생님을 모십니다.

― 구 본 희 선생님과의 대화

■ 구본희 :

안녕하세요 반갑습니다. 서울에서 중학교 국어교사로 근무하고 있습니다. 요즘 한국에서 학생 주도성에 대해 관심을 많이 갖고 있습니다. "학생이 주도적으로 관심을 갖기 위해서는 교사가 그런 장을 만들어 주어야 한다"라고 말합니다. 그런데 비에스타 교수님의 〈교사 주도성에서 신념의 역할〉이라는 논문을 읽었습니다. 교사의 신념이라는 것이 주도성에서 어떤 역할들을 하고 있는지, 왜 중요한지 여쭤어보고 싶습니다.

◼ 비에스타 :

우선 저는 학생 주도학습이라는 표현을 굉장히 걱정합니다. 이유는 학생들이 학생 주도적으로 해선 안 되기 때문이 아닙니다. 모든 사람들은 어떤 곳에서든지 주도적으로 배울 수 있다고 생각합니다. 그렇기 때문에 제 생각으로는 학생 주도학습이 너무 강조되면 교육이 무엇인지, 학교라는 곳이 무엇인지, 교수법이 무엇인지 간과하게 되는 것 같습니다. 그래서 사실 이런 표현을 저는 과히 좋아하지 않습니다. 또 이 개념은 통합성과도 부딪힙니다.

학습의 통합성과 교수법의 통합성과도 연결이 됩니다. 지금 학생들이 주도적으로 무엇을 배우고 싶은지에 대해 결정하고, 교사들이 도와주는 것을 말하는데, 이 과정에는 다소 이상한 점이 있다고 봅니다.

학생들에게 "어떤 것을 배우고 싶니?"라고 묻는다면, 학생들은 이미 알고 있는 것을 기반으로만 대답을 할 수밖에 없습니다. 그래서 이미 배운 것으로 제한됩니다. 교육에서 중요한 것은 학생들에게 새로운 것을 제시하는 것입니다. 나 스스로 몰랐던 것을 알려주는 것이 교육에서 가장 중요한 역할을 합니다. 학생들이 스스로 결정할 때 학생들이 모르는 것, 찾지 못하는 것을 제시해주는 것이 중요합니다.

또한 학생들이 '나는 이것을 배우고 싶어요'라고 할 때 교사는 그게 학생을 위해서 가장 올바른 방향인가?를 생각해보고 '이런 방향은 어떠니?'라고 제안을 하는 것이 중요합니다. 학생이 원하는 것을 바라볼 뿐만 아니라, 전체적인 교육이라는 큰 교육을 바라보도록 안내하는 것이 중요하기 때문입니다. 교사가 학생에게 특히 제안을 주는 것은 아주 중요합니다. 단지 지시를 하는 것이 아닙니다.

새로운 방향을 가리키는 것이 정말 중요한데. 그렇게 하는 이유가 학생들의 지평선을 넓혀주기 위함입니다. 우리가 방향을 지시하고 가르치는 이유는 학생들의 시야를 좁히는 것이 아니라 더 넓히기 위한 것입니다. 이것은 교사의 신념과도 긴밀하게 연결됩니다. 예를 들어 '학생의 학습을 촉진하는 것이 나의 역할이다'라고 생각하는 교사와 '나의 역할은 학생의 관심사가 어디인지를 살피고 관심사를 조금 돌려보거나 바꾸어보는 것이 좋지 않을까라고 생각하는 것이다'라고 생각하는 두 교사의 신념에 따라서 굉장히 다른 교육방식이 진행될 수 있습니다.

학생들의 주체성을 부인하고 거부하는 것이 아닙니다. 학생들의 주도성, 주체성이라는 개념부터 우리가 다른 관점으로 바라볼 수 있다는 것입니다. 학생 주도 학습을 지나치게 강조하고 거기에만 집중하게 되면 교육의 통합성을 간과하게 됩니다.

"교육에서 중요한 것은 새로운 제안과 방향의 제시입니다. 교사는 세계를 안내하고 전체적인 교육의 방향을 안내해야 합니다."

◩ 구본희

감사합니다. 제가 생각했었던 학생 주도성이 효율성에 치우쳐있지 않았나 라는 반성을 하게 되었습니다. 학생들을 관찰하고 살피면서 학생이 가지고 있지 않은, 바깥의 충격 같은 것들을 교사가 제시하는 것이 중요하다는 생각을 했습니다. 그런데 교사가 학생에게 질문하고 방향을 제시하려면, 교사의 공부, 교사의 가치관, 이런 것들이 굉장히 중요할 거 같다, 라는 생각도 들었습니다.

한 가지 질문을 더 드리고 싶습니다. 학교에서 교사들과 지낼 때, 학교 교사들과는 당장 해야 할 일들에 대한 이야기를 많이 하지, 교육에 대한 신념이 무엇인가에 대해서는 많이 하지 않게 됩니다. 어떻게 하면 이런 이야기들을 더 불편하지 않게 더 자주 나눌 수 있을지 여쭈어보고 싶습니다.

◩ 비에스타 :

전에 대한민국의 교육에 대해 어떻게 생각하느냐? 라는 질문을 받은 적이 있습니다. 각국의 상황에서 교육 환경은 다르지만 공통적인 부분이 있습니다, 방금 질문도 공통적으로 겪는 문제입니다. 큰 틀의 문제를 계속해서 주시하고 이야기하는 것이 중요하지만, 사실 모두 시간이 부족하다고 합니다.

우리 자신을 위한 시간, 교사들 서로에 대해서 이야기하는 시간이 없는 것 같습니다. 교육에 대한 기대치, 학교에 대한 기대치는 정말 높은데, 이러한 환경 속에서 교사라는 직업이 어떤 상태인가를 잘 보려고 하지 않는 것 같습니다. 모두 업무량이 정말 많고, 논의를 할 시간도 부족한 것 같습니다.

영국에서 중등교사라는 직업을 수행하는 것이 너무 일이 많다, 라는 요구가 컸습니다. 그러자 일부에서는 일주일에 4일만 수업과 상담 등 활동을 하고, 하루는 아예 다른 활동으로, 다른 업무 트랙으로 분류를 해서 시간을 가져보도록 시도해본 적이 있습니다.

근본적인 질문에 대해 논의하는 것은 거대하고 원대해 보이기도 합니다. 근본적인 것은 학생과 교사 그리고 다른 무언가로부터 출발합니다. 이 3가지 요소의 관계 속에서 정말 다양하고 복잡하고 아름다운 논의가 발생할 수 있습니다. 교사의 신념에 관한 원칙에 대해 논의하는 것이 나한테 너무나 멀고 추상적인 개념이라고 생각하지만 않았으면 좋겠습니다.

■ 구본희 :

학교에서 교사들과 학생, 매개체에 대해서 이야기해볼 수 있는 시간을 꼭 마련해야겠다는 생각이 들었습니다. 감사합니다.

― 김 진 혁 선생님과의 대화

■ 김현수 :

장동초등학교의 김진혁 선생님, 지역 학교에서 고군분투하시면서 교사-학생의 관계에서 여러 가지로 고민을 많이 하고 계십니다.

■ 김진혁 :

영상을 통해 본 교수님의 강의의 전체적인 내용은 조금 어려웠습니다. 저는 그중에서 학생들을 일깨우고 있느냐, 시스템에 의지하고 있느냐, 라는 질문이 크게 와 닿았습니다. 제가 읽은 교수님 논문에서 가르침의 과제를 말할 때 가르친다는 것은 학생들을 성숙한 삶으로, 성숙한 존재로 안내하는 것으로 이해했습니다. 저는 학생을 깨우는 것과 학생을 성숙한 삶으로 안내하는 것이 같은 맥락으로 생각되는데 맞는지요?

■ 비에스타 :

네, 맞습니다. 올바른 해석입니다.

■ 김진혁 :

학생들을 일깨우는 것, 학생들을 성숙한 존재가 되도록 안내한다는 말이 조금 모호하게 느껴지기도 합니다. 구체적으로 어떤 모습을 말씀하시는지 설명해주셨으면 좋겠습니다.

■ 비에스타 :

좋은 질문 감사합니다. 우리가 아이들을 가르칠 때 학생들로 하여금, 보다 성숙한 존재로 이끌어야 한다고 이야기했습니다. 그리고 제가 '깨운다' 라는 표현을 사용했습니다. 이 개념에 대한 반대로 학생들을 졸리게 한다, 마취한다, 무감각하게 만든다는 개념이 있습니다.

왜 이런 표현을 썼는가를 말씀드리겠습니다. 즉 교육이 하는 일이 '깨우는 것' 아니면 '잠들게 하는 것'인지 설명드리겠습니다. 교육에서는 '성숙'이라는 것이 다양하게 해석됩니다. 어떤 사람들은 성숙이라는 것이 자율성을 강화한다고 이해합니다. 혹은 주도성을 가진다, 라고 이해합니다. 이러한 개념들은 중요합니다. 왜냐하면 학생들로 하여금 자신들의 의사를 결정하게끔 만드는 영역을 주기 때문입니다. 그냥 다른 사람을 쫓아가는 것이 아니고, 혹은 강력한 미래를 그냥 따라가는 것이 아니고 이들로 하여금 자기 결정권을 내릴 수 있게 만드는 것이 중요하기 때문입니다.

학생들이 직접 자율성을 가지고 성숙하게 스스로를 위해 사고할 수 있게 만드는 것이 중요합니다. 이것이 중요한 이유는 역사적으로 좋은 예시가 있듯이 많은 사람들이 사고를 멈추고 리더의 말만 따른다면 큰 비극으로 이어질 수 있습니다.

제가 멈춘다는 표현을 썼는데, 다르게 표현하면 의심을 멈추는 것, 의심 없이 믿어버리는 것이 비극의 출발입니다. 그렇기 때문에 저희는 항상 성숙이 무엇이냐는 질문에서는 의심을 던집니다. 100퍼센트 확신하지 않는 것. 너무 확신하면 결국에 집중하지 않을 수 있습니다. 항상 의구심과 약간의 주저함이 있을 때 집중하게 됩니다. 그리고 자문하게 됩니다. 자신이 제대로 이해했는지 계속해서 자문하는 것이 중요합니다. 다른 해석의 방법은 없었을까 사유를 해야지요. 의구심을 가지는 것은 제가 볼 때 깨어 있는 것과 같은 상태입니다. 그래서 성숙이라는 것과 깨어 있는 것을 함께 비유한 것입니다. 이것은 쉬지 않고 집중하는 것, 그리고 100퍼센트 확신하지 않는 것이라고 저는 정의하고 있습니다. 그리고 발표 마지막 부분을 보시면 알겠지만 이게 결국 의미하는 것은 우리가 교사로서 학생들에게 뭔가 숙제를 줄 때 또는 과제를 줄 때 질문을 하게 만들죠. 우리가 할 수 있는 방법은 여기에 과제가 있다고 아이들에게 주고, 혹은 이런 경험이 있다는 것을 알려주면서, 학생들에게 이것을 100퍼센트 습득하는 것이 중요한 것이 아니다 라고 말해줘야 합니다. 이게 뭔지를 보고 이것이 던지는 질문을 먼저 생각해보라고 하는 것입니다. 그렇게 함으로써, 학생들이 생각하고 눈을 뜨고 깨어있게 만드는 것입니다. 그냥 단순히 있는 그대로 받아들이는 것이 아니라 눈을 뜨고 뭐가 있는지 스스로 질문하고 그것이 던지는 질문이 무엇인지 계속 생각해보도록 만드는 것이죠. 그게 바로 제가 말씀드린 교육의 삼자 관계라고 생각됩니다. 학생들에게 항상 포인팅을 하죠. 하지만 그렇다고 해서 그것을 강제로 강압할 수 없습니다. 이런 경험을 해봐라, 라고 포인팅해줄 수 있을 뿐이지요. 그리고 거기서 얻을 수 있는 것을 학생이 가져갈 수 있게 만드는 것입니다.

학교에 정원이 있는 경우가 있다고 쳐요. 거기에 식물 같은 것이 있을 때 좋은 점이 뭐냐면, 이 식물이라는 것은 상상의 나래를 펼칠 수 있게 합니다. 그래서 식물이 나에게 질문을 던질 수 있습니다. 물도 줘야 하고 날씨도 좋아야 하고 또 식물을 보면서 내가 질문을 받을 수도 있습니다. 어떻게 하면 이 식물이 잘 자랄 수 있을까. 그래서 내가 관심을 갖고 케어를 할 때 계속해서 내 머릿속에 질문이 이어져 나가게 됩니다. 식물이 자라는 것을 보면서요. 식물과의 만남을 통해서 결국 우리가 깨어 있게 되는 것이고, 우리가 무엇을 필요로 하는지를 질문하게 됩니다.

"멈추지 않고 질문하고, 의구심을 갖고 답을 한 가지가 아닌 다양한 갈래로 찾아가는 길, 성숙은 스스로 질문하고 사유하는 능력이다"

■ 김진혁 :
교수님 대답을 들으면서 문제제기식 교육이라는 말이 떠오릅니다. 남들과 다른 길을 가는 그런 교육을 의미하는 것 같습니다. 학생이나 학부모나 어떤 높은 성적을 강요하는 상황에서 교사들은 어떻게 용기를 내어서 그런 남다른 일깨우는 교육을 할 수 있을지 조언을 부탁드립니다.

또 한 가지 남다른 교육, 철학이 있는 교육을 하기 위해서 교사 자신도 미숙한 존재로서 부족한 부분을 어떻게 할 것인지 알고 싶습니다. 우리 교사들도 어떻게 하면 더 좋은 가르침을 할 수 있을지 격려의 말씀 부탁드립니다.

◼ 비에스타 :

정말 중요한 사항들을 말씀해주셨습니다. 아까 교사로서 우리도 성숙하지 못하다, 라는 말씀을 주셨는데요. 이 부분도 중요한 이슈인 것 같습니다. 성숙 그리고 비성숙이라는 것을 이야기할 때 항상 그 질문을 던지는 자체로서도 의미가 있다고 생각이 듭니다. 우리가 교사로서 산다는 것은 계속해서 우리의 직업을 발전시키고 개발시켜 나가야 한다는 것을 의미하기도 합니다. 물론 선생님들이 완벽할 필요는 없습니다. 꼭 모든 선생님, 한 분, 한 분이 다 성숙해야 하는 것도 아닙니다. 자기 스스로 계속해서 질문을 던진다, 라고 하면 이미 그 자체로 좋은 선생님입니다. 나 스스로 계속 자문하고 성장하는 것이죠. 그리고 아까 말씀하신 문제는 한국뿐만이 아닙니다. 최근 여러 나라들에서 대학 입시에 대한 압박이 심해졌습니다. 좋은 성적에 집착하는 사회가 늘었습니다.

우리 삶에서 정말 중요한 것은 깨어 있는 삶을 살면서, 세계를 알고 스스로의 세계관을 가지는 것인데, 이런 가치관이 흔치 않고 또 쉽지 않아졌습니다. 그리고 교사로서 이런 것들을 가르치는 것도 쉽지 않습니다. 그래서 어떻게 하면 용기를 가지고 제대로 가르칠 수 있나, 라는 질문을 하셨는데, 굉장히 중요한 질문입니다. 맞습니다.

사람들이 모두 같은 길을 가고 있을 때 소수만이 '지금의 길이 올바른 길이 아닌 거 같다'라고 생각하고, 용기를 가지고 '다른 길도 있을 수 있겠다'라고 생각할 수 있습니다. 다른 길을 가기 위해서는 서로 간의 대화가 중요합니다. 예를 들자면, 점수 하나 가지고 대학을 간다는 것이 과연 타당한가 하는 질문과 토론을 지속하는 것은 아주 중요합니다. 점수에 기반한 대학 입시는 비인간적이라는 말이 오고 가는 것이 필요합니다.

또 하나 저는 학생들을 가르칠 때 중요하게 생각하는 것 중 하나가 우선순위를 결정하는 것입니다.

학생들에게 늘 이렇게 이야기합니다. "깨어 있어라, 그게 중요하다. 물론 과제를 하는 것도 중요하고 배우는 것도 중요하다. 하지만 이 모든 것들이 높은 점수를 받기 위해서 아니다. 의미를 찾는 것이 더 중요하다."

내 주변을 둘러싼 여러 가지 것들이 내 삶에서 어떤 의미를 가지고 있는지를 파악하는 것이 가장 중요합니다. 그래서 나는 시스템이라든지 어떤 룰을 따라가지 않을 때도 있습니다. 우리가 가지고 있는 룰이 항상 맞는 것은 아니기 때문입니다. 저는 규칙이라던지 룰들이 있을 때 과연 이 중에는 어떤 게 의미가 있는지 항상 자문을 해봅니다. 무의미한 룰들도 많기 때문입니다. 그래서 저는 항상 머릿속에서 생각을 해보고 내가 지금의 상황의 방식과 조금 다르게 가보면 어떨지에 대한 시나리오도 상상해봅니다. 물론 쉽지 않습니다. 그리고 모호하게 들릴 수 있다고 생각합니다. 생각의 관점을 바꾸는 것에 자체로서 의미가 있다고 생각한다. 제가 항상 무언가를 새롭게 다르게 할 때 그것을 정당화를 할 수 있는 이유를 머릿속에 가지고 있습니다. 분명한 이유가 있다는 거죠.

항상 규칙을 100퍼센트 받아들이지 마시고, 의미 있고 좋은 것은 무엇인가 혹은 내가 불필요하게 느끼는 것은 과감하게 쳐낼 수 있는 용기가 필요하다고 생각합니다. 하지만 어려운 이야기입니다. 쉬운 이야기는 아니고, 그렇기에 우리가 더 노력해야 합니다.

"깨어 있으라, 의미를 찾아라, 모든 룰을 그대로 따르지 마라, 용기를 갖고 새로운 질문과 관점을 지녀라"

── 정 현 숙 선생님과의 대화

◼ 김현수 :
다음은 대구에서 초등교사로 계시는 정현숙 선생님께서 질문하시겠습니다.

◼ 정현숙 :
교수님 논문을 읽으면서 의심을 가지고 읽지 않았습니다. 하지만, 앞으로는 의심을 가지고 다시 읽어 보도록 하겠습니다. 팬데믹 시대인데요, 코로나 19와 함께 스마트 교육이 더욱 힘을 받고 있고, 학교 교육은 그와 함께 통제시스템 자체도 힘을 얻고 있습니다. 학교라는 조직체계 속에서 사회화가 잘된 교사들이 굉장히 순응적이고 받아들이는 것이 강합니다. 이런 분위기

속에서 학생들의 주체화 교육을 위해서 우리가 가장 중점을 두어야 하는 것이 무엇이라고 생각하시는지요?

◾ 비에스타 :

코로나로 인해 측정 기반의 체계가 더 영향을 미치는 것은 사실입니다. 다양한 부분을 측정하면서 교육이라는 것을 객관적 지표로만 보게 되는 현실이 더 커지고 있습니다.

선생님이 질문하시면서, '교사가 순응하는 사회화가 된 사람으로서 학생들에게 주체화 교육을 위해 중점을 어디에 두어야 할까요'라고 하셨습니다.

답변을 드리기 위해서 예전에 영국에서 발생한 사건에 대해 말씀을 드리겠습니다. 마가렛 대처가 수상이었을 때 영국 정부의 교육 관료들이 특정한 표현을 이데올로기처럼 사용하였던 적이 있습니다. 그것은 '대안은 없다'라는 것이었습니다. 특정한 정책을 내세우거나 토론하고자 할 때 그저 '이것밖에 없다'라고 말하는 것입니다. 그 시절에는 자주 사용하던 표현인데, 내 생각으로는 이것은 굉장히 위험한 발언이라고 생각합니다.

따라서 교사들이 순응적이라고 질문한 선생님이 말씀하셨을 때, 제가 그것을 듣는 입장에서는 교사의 문제라기보다 시스템 자체 문제에서 압박을 받는다고 생각이 들었습니다. 그러나 어느 정도 내가 중심을 잡고 헤쳐나갈 수 있는 방법, 나의 방향성을 유지하는 방법은 우선적으로는 '항상 대안은 있다', '다른 방법이 있다'라고 생각하는 것입니다. 어떤 상황에서도 우리는 한 가지 이외의 다른 방법으로 문제에 접근할 수 있습니다. 그래서 항상 대안은 있다, 라고 생각하시기를 권합니다. 모든 것이 하나의 방향으로 가고 있다고 하더라도, 그런 상황에서도, 늘 다른 방법은 있다, 라고 생각하는 것이 중요하다고 생각합니다. 그럼 보다 더 큰 그림을 그려나갈 수 있다고 생각합니다. 거대한 솔루션은 아니지만, 작은 것부터 시작하는 것이 중요합니다. 우리가 서로의 관계에서 무엇에서 진정한 가치를 느끼는가 이런 부분도 생각해볼 수 있을 중요한 주제인 것 같습니다.

"'대안은 없다, 한 방향으로 가야 한다'는 관료의 생각에 대항할 수 있는 '대안은 있다, 여러 방향으로 갈 수도 있다'는 주체적 사고가 필요하다"

▣ 정현숙 :
좋은 답변 감사합니다. 스스로 대안을 생각하고 방향성을 갖고 학교에서 저의 중심을 잡아야겠다는 생각을 했습니다. 감사합니다.

"세계와 학교"

▣ 김현수 :
다음 큰 주제는 세계와 관련된 이야기입니다. 세계와 학교는 어떤 관계 속에서 앞으로 발전해가야 하는가, 코로나 이후의 세계와 학교 사이 변화 그리고 그 속에서 교사는 어떤 삶을 살아가야 하는가에 대해 이야기해보겠습니다. 제일 먼저는 광일 초등학교에 계시는 강다윤 선생님 소개드리고 질문 부탁하겠습니다.

— 강 다 윤 선생님과의 대화

◼ 강다윤 :

비에스타 교수님께 팬데믹 이후 우리 사회가 당면한 문제가 무엇이라고 생각하는지 듣고 싶었습니다. 이전 강의에서 위기의 시대에 대책과 처방의 남발과 함께 통제와 압박이 많아질 것이라고 말해주셨습니다. 이런 대책들은 교실에도 반영이 될 것인데, 사회요구, 학부모의 요구 등의 압박에서, 교사들이 올바른 방향의 가르침을 갖기 위해 필요한 것이 무엇인지요?

◼ 비에스타 :

큰 의미 있는 질문입니다. 그리고 또 어려운 질문이기도 합니다. 말씀하신 문제는 이미 다른 국가들도 겪는 문제이며, 사회가 어떻게 바라보느냐에 따라 다를 수 있다고 봅니다. 사회는 문제를 식별하고, 이에 기반해 학교에서 해결할 것을 제안합니다. 학교에 제안된 해결책들로 인해 학교는 어렵게 됩니다. 학교에서 새로운 세대, 미래 세대를 교육하는 것은 맞지만 학교에서 해결할 수 없는 문제도 많다는 것을 사회와 국민이 알아야 합니다.

많은 국가에서 불평등의 이슈가 있습니다. 학교에서 불평등 문제를 해결하라고 권고를 하는 것은 문제가 있지요. 사회 자체에서 불평등이 있기 때문인 것을 학교에 전가할 수 없습니다. 이것은 정치가에게 질문을 던질 필요가 있습니다.

우리가 학교와 사회의 관계에 대한 교사의 생각을 바꿀 필요가 있다고 봅니다. 교육자로서 모든 것을 100퍼센트 받아들이는 것이 아니라 때로는 거부하고 거절해야만 합니다. 여기서 중요한 것은 통합입니다. 교사 입장에서 통합성이 훼손된다고 느끼면 거절하는 것이 필요하며 또 문제 제기할 필요가 있습니다. 그리고 이렇게 여러 질문을 던지는 것이 중요합니다.

'우리 사회에서 필요로 하는 학교가 무엇인가'. 그리고 '우리 학교가 필요로 하는 사회가 무엇인가' 하고 반대로 질문해볼 수도 있습니다. 그저 문제를 해결하기 위한 학교가 아니고 사회의 가치를 부여하는 학교의 역할을 생각해볼 수 있습니다. 누군가 학교가 강력한 학습 능력을 갖춰야 한다고 하는데, 원래 학교를 뜻하는 스콜링이라는 단어의 어원은 자유시간이라는 뜻이라는 것을 알릴 필요가 있습니다. 사회가 원하는 대로 하는 것이 아니고 아이들과 학생들을 위해 시간을 할애해주는 것. 그들이 스스로 나아갈 수 있도록 시간을 할애해주는 것이 학교의 본래 기능입니다. 코로나 때문에 학습이 안 되고 있다는 부담이 있는 상황입니다. 바로 지금이야말로 우리가 성찰을 해야 하는 때입니다. 빨리 달려간다고 해서 지속적이게 되는 것이 아닙니다. 잠시 멈추고 생각하고 성찰해야 합니다.

"빨리 간다고 해서 지속성이 커지는 것이 아니다
성찰이 오히려 더 필요한 시기이다"

◼ 강다윤 :
학교와 사회에 대해 생각하고 학교가 해결하지 못하는 것은 사회에 문제 제기를 해야 한다는 부분이 기억에 크게 남습니다. 교사가 교육 철학자로서 교육을 한다고 했을 때 무엇을 어떻게 시작하는 게 좋을지요?

◼ 비에스타 :
교육자로서 우리가 사회에 필요한 문제를 주는 것도 중요한 일입니다. 또 그런 문제들을 교육적으로 접근할 수도 있습니다. 교육의 목적을 직시하고 어떤 것들은 학교에 요청해야 할 것이 아니라는 단호한 입장을 보여야 할 것도 있습니다.
교사들이 교육 철학에 있어서 무엇을 해야 하느냐에 대해서, 저의 경우에는 지난 몇 년 동안 아주 간단하고 기본적인 교육에 집중해왔습니다. 철학에 너무 집중하다 보면 너무 철학적일 수 있습니다. 그래서 가장 중요한 것은 아주 중요한 기본적인 것, 본질적인 것이 중요하다고 생각합니다.
교사가 학생들에게 '이거 한번 봐봐'라고 하죠. 이건 매우 단순합니다. 바로 여기서부터 시작해서 하나하나 연결이 되는 것입니다. '여기 한번 보렴' 하고 말을 할 때는 학생이 답을 알거나 무엇을 볼지는 모르지만, 새로운 것을 보고 새로운 시야를 넓혀 주는 것입니다. 무언가를 시작할 때는 가장 기본적인 것부터 시작하는 것이 중요합니다. 거기서 한 발 한 발 나아가는 것입니다. 이론과 철학을 실천함에 있어서 아래에서부터, 내 앞에 있는 것부터 시작해야 기적이 일어난다고 믿습니다.

"여기 한번 보렴과 같은 기본적 연결이 기적의 시작이다"

◼ 강다윤 :

기본과 본질에서부터 교육을 찾는 교사가 되도록 노력하겠습니다.

― 구 소 희 선생님과의 대화

◼ 김현수 :

구소희 선생님께서 이어나가겠습니다.

◼ 구소희 :

인천 부내초등학교 교사 구소희입니다. 교수님 논문을 읽으면서 많은 질문을 만났습니다. 교육의 본질과 방향성에 대해 성찰하는 시간이었습니다. 다시 기본으로 돌아가서 질문을 하고 싶습니다. 교육의 효과성과 효율성, 효과적인 교육기술이나 피칭기술과 같은 것들이 교육의 강한 영역이라고 하고, 반대쪽에 교육의 약한 영역이라고 하셨습니다. 교육의 약한 영역이 무엇이고 그것이 왜 중요한지요?

■ 비에스타 :

강한 영역 그리고 약한 영역이라고 볼 때, 어느 정도 취약성을 드러내고 있지 않나 하는 생각이 듭니다. 우리가 지금과 같이 질문을 하고 답하고 어려운 질문은 생각해보게 하는 이런 것들을 개념적으로는 약한 영역이라고 할 수 있습니다. 개방된 과정이 바로 약한 영역이라고 말할 수 있는데, 제가 여러분들에게 드리는 모든 이야기는 여러분들의 뇌에 바로 완벽하게 입력되는 것이 아니라 조금 더 개방된 방식으로 대화를 나누어가는 방식을 추구하고 있습니다. 이것은 교실의 모습입니다. 교실에서 실제로 학생을 통제할 수는 없습니다.

그런데 어떤 교육자들은 완벽하게 통제할 수 없는 것이 문제다, 라는 생각으로 교사가 학생을 조절하고 통제하려고 하는데 이런 영역을 강한 영역이라고 개념화하고 있습니다.

하지만, 교육이라는 것 안에서 교사들이 학생을 통제하는 것은 교육으로부터 학생들을 밀어내는 것입니다. 학생들을 하나의 사물로 바라보게 되는 것이지요.

'학생들이 좋은 성적을 받아야 성공한다' 이런 이데올로기가 있는 곳에서는 강한 영역의 교육을 하게 됩니다. 반면 '학생들이 최선의 모습을 발휘하는 것이 중요하다, 하지만 교사는 하는 것이상을 하지 않는다, 즉 통제하지 않는다' 이렇게 접근하는 것이 약한 영역의 접근입니다.

교육에서는 약한 영역이 존재하고 이 영역이 매우 중요합니다. 교육의 근본적인 이유가 학생을 장악하고 통제하는 것이 아니기 때문입니다. 교육은 미래를 걱정해주고 더 나은 미래를 만들어 주기 위한 활동입니다.

"통제보다 자율이 훨씬 약한 영역이지만 추구할 영역이다. 통제는 교육이 아니다."

◼ 구소희 :

학교에서 학생들이 세계와 만날 수 있도록 하기 위해서 약한 영역과 강한 영역이 어떻게 함께 존재할 수 있을지요?

◼ 비에스타 :

강한 교육과 약한 교육의 균형의 문제는 아닌 것 같습니다. 강한 교육은 잘못된 실패라고 생각합니다. 교육의 근본을 잘못 대표하는 것이지요. 따라서 제 생각에는 항상 약한 교육의 중요성을 강조해야 한다고 봅니다.

물론 모든 것을 전부 자유롭게 하고 어떤 것을 하든 상관없는 것은 아닙니다. 학생들이 자기만의 주도성을 가지고 있는 주체라는 것을 우리는 잘 인식해야 합니다. 교육이 잘못된 방향으로 나아가는 경우의 대부분은 통제가 중심이 될 때죠. 약한 교육에서는 모든 것을 신중하게 생각해보고 내가 비록 교사로서 학생의 미래를 컨트롤할 수 없으나, 학생들이 최선의 삶을 살 수 있도록 끊임없이 고민하는 것입니다.

궁극적으로 우리는 인간의 자율을 존중하고 수호해야 합니다. 그리고 가장 큰 자율을 잘 활용할 수 있게 우리가 방향을 주는 거죠. 이상적인 교육이 강한 교육이라는 생각을 버려야 합니다.

― 조현서 선생님과의 대화

■ 김현수 :

서울의 혁신학교 중 하나인 휘봉고등학교에서 역사 교사로 계신 조현서 선생님의 질문입니다

■ 조현서 :

2019년도 학교 민주시민교육 국제포럼에서 교육적 방법으로 개입, 지연, 지지에 대해 말씀을 해주신 바 있습니다. 이 개념들이 명확하지 않아서 어려웠습니다, 개념들이 설명은 되지만 현실에서는 다소 애매합니다. 질문을 조금 몰아서 해보려고 하는데요. 첫째, 우선 선생님께서 말씀하시는 세계라는 것은 구체적으로 어떤 것인지요? 둘째 '지연'이라는 개념을 설명하면서, 학교가 아이들에게 지연을 해줘야 한다, 학교는 지연을 해주는 공간이다 하셨는데, 지연의 개념은 어떤 것인가요? 셋째, 학교가 공부

만을 가르치는 것이 아니라 세계와 연결시키는 공동체라는 인식이 확대가 되고 있는 것 같습니다. 하지만 코로나19 등의 영향으로 인해 학생들이 학교를 떠나고 있는 경우가 많습니다. 교사가 아무리 깨어있다 할지라도 학교라는 시스템이 학생들을 세계와 연결시키지 못할 수도 있다고 생각됩니다. 포스트 코로나 시대에 어떻게 변해야 학생과 세계를 연결시킬 수 있을지요?

◼ 비에스타 :
다양한 개념들이 제 논문에 많이 소개되어 있습니다. 이해가 어려울 수 있다고 생각합니다. 저도 어려운 부분이 많습니다. 단어의 깊은 뜻을 생각해 볼 수밖에 없다 보니 그렇게 되었습니다. 5년 전에 쓴 글들이 그때는 단순했는데, 지금은 복잡하다고 느껴질 때도 많습니다. 이론적으로 보았을 때 어려운 대답이지만, 집중해서 생각해볼 수 있는 계기가 생겼다는 것은 좋다고 생각합니다.
'세계'가 무엇이냐는 질문의 대답부터 하자면, 세계의 의미는 우리 외부에 있는 모든 것입니다. 내 밖에 있는 모든 것을 의미하죠. 결국 세계라는 단어를 쓸 때는 내 외부에 있는 것과 내 내면의 차이입니다. 사람 장소 물건 여러분 등 모든 것이 될 수 있다. 혹은 우리 삶이 이루어지는 공간을 의미하기도 합니다. 혹은 어려운 공간으로서 유일하게 설명이 유지되는 공간을 의미하기도 합니다.
교육은 학생들이 이 세계에서 자신들의 삶을 살게 그리고 살고자 원하게 만들고 있는데, 이 어려운 장소인 세계로 아이들이 나아갈 수 있게 만들어주는 것입니다. 『세상의 사랑』이라는 책이 있습니다. 교사분들께서 아이들에게 바라는 것은 아이들이 세상과 사랑에 빠지는 것입니다, 이것이 교사의 목표가 아닌가 생각이 듭니다. 그리고 그게 바로 세상이라는 단어가 내포하는 의미라고 생각이 듭니다.

"교사가 바라야 할 것은 아이들이 세상과 사랑에 빠지는 것이다"

'개입', '지연', '지지'라는 개념을 간략히 설명 드리겠습니다. 세상과 만나는 경험, 바로 이것이 '개입'입니다. 개입의 경험은 중요한 경험으로 학생들의 세계 참여라고 할 수 있는데, 세상에 대한 개입이 너무 어렵다고 느끼는 학생들이 있을 수 있습니다. 그래서 그런 학생들에게 시간을 줄 수 있는데, 이렇게 시간을 주고 받아들이도록 돕는 것을 저는 지연suspension이라고 불렀습니다. 아이들이 세계에 참여하고 활동에 적응할 수 있게 지연을 해주는 것이고, 정말 어려움이 있을 때 주고자 하는 것이 '지지'입니다. 학교가 만일 좋은 학교라면 학생들에게 이런 자양분을 주어야 합니다. 어떤 경우는 학생들에게 자양분을 충분히 만들어 줄 수 있는 학교 분위기가 되지만, 또 어떤 경우는 학생들끼리 학교와 학생들 서로 도울 수 있는 공동체에 실패하는 경우도 있습니다. 학교의 또래 공동체에서 또래 학생을 위한 자양분 만들기가 어려울 때, 교사의 역할이 가장 중요합니다. 교사가 어떻게 자양분을 줄 수 있을지 고민해야 합니다. 어려운 부분입니다.

호주의 한 시골학교에서는 온라인 교육을 많이 했었다고 합니다, 원격 교육이 매우 익숙한 학교가 되었고, 기술을 잘 사용하는 것이 필요한 상태였다고 합니다. 기술을 잘 사용하면서, 온라인을 통해 배우는 것을 즐겁게 하는 경우, 온라인 교육도 큰 도움이 될 수 있습니다. 제가 가르치고 있는 제 학생 중에 원격 교육에 대한 주제로 공부를 하고 있는 학생이 있습니다. 원격 교육에서 교사의 특성이 어떻게 변화할지에 대해 연구를 하고 있습니다. 다른 많은 연구들이 온라인 교육이 시험 점수를 떨어뜨리는 것이 아닌지 우려점에 초점을 맞추고 있는 반면, 제 학생은 시험과 온라인 교육이 아닌 다른 측면에 초점을 맞추려고 하고 있습니다. 시스템이 한 방향으로 가지 않고, 또 그렇게 가서도 바람직하지 않습니다. 원격 교육에서 교사들이 추구할 수 있는 다양한 다른 방향성을 아는 것이 필요합니다.

■ 조현서 :
원격 교육으로 학급과 3년째 같이 하고 있는데, 하나의 단합된 반으로 팀 빌딩이 잘 안되었다는 느낌을 갖고 있습니다. 영양분을 주는 것이 충분하지 않았구나 생각이 들었습니다. 감사합니다.

■ 김현수 :

질문을 추가적으로 한두 분 더 받겠습니다.

■ 질문자 :

민주시민교육을 위해서 프로젝트 학습을 구상한 적이 있는데, 학생들에게 "선생님 저희 공부는 언제 해요?"라는 질문을 받곤 합니다. 현실적으로는 이런 질문을 받게 되는데요. 제가 나름대로 찾은 결론은 학생들이 문제를 찾고 해결해야 한다고 하지만 결국은 문제를 제기하는 방식은 교사에 의해 아젠다가 제안되거나, 문제 제기가 되는 것이 아닌가 합니다. 교사가 아젠다를 찾더라도 학생들로 스스로 문제를 재정의하고 학생 공동체가 문제의식을 공유할 수 있는 활동이 될 수 있는 방법이 무엇인가요? 교수님께서 알고 계시거나 경험하신 사례가 있다면 알려주시면 감사하겠습니다.

■ 비에스타 :

학생들을 어떻게 우리가 깨어있게 독려하고 할지 이것이 사실 핵심인 것 같습니다. 학생들이 공감이 안 되거나 혹은 이해하고 공감은 하지만 더 앞으로 나가겠다는 생각이 없으면 현상 유지만 하게 됩니다. 선생님들이 다른 방향을 가리키고 안내하는 것이 중요합니다. 안전지대에 그냥 머무르는 것이 아니라 벗어나서 탐험하고 발굴하는 것이 필요합니다. 이 과정에서 선생님들의 어느 정도의 개입이 필요합니다. 그리고 필요한 부분이라고 생각합니다.

학생들을 일깨우는 방법 중 하나는 학생이 현재 알고 있는 것만이 답이 아니라는 것을 알려주는 것입니다. 세상에는 다른 답이 있다는 것을 학생들이 나아가서 알 수 있도록 도와야 합니다. 물론 강제적으로 하면 안 되겠지요. 학생들의 관심과 주의를 돌리는 방법을 찾아야 합니다.

"학생들이 깨어 있게 돕고, 지금 알고 있는 것이 답의 전부가 아니라는 것을 알려주어야 한다. 안전 지대에 머물기만 할 것이 아니라 세상을 향해 탐험하고 발굴할 기회를 주어야 한다.

◼ 김현수 :
마지막으로 오늘의 대화는 비에스타 교수님의 테이크 홈 메시지를 청해서 듣고 마무리하겠습니다.

◼ 비에스타 :
우선, 오늘 이 자리 정말 잘 즐겼고, 3시간이 금세 지나간 것 같습니다. 굉장히 생산적인 논의가 오갔다고 생각됩니다. 다만 저의 답변이 완벽하지는 않았을 거라 생각합니다. 정말 좋은 질문들을 해주셨습니다. 질문을 통해서 우리가 직면하고 있는 딜레마를 잘 짚어주셨습니다.

교사로서 용기가 필요하다고 말했는데, 이런 코로나 상황에서 근본적으로 교육이 왜 있는지 생각하는 것이야말로 중요한 용기라고 생각합니다. 그 용기에 의해 우리 교육을 어떻게 바꿔나갈 수 있는지 생각해볼 수 있을 것으로 생각합니다.
선생님들의 일상적인 다양한 질문들이 결국에는 교사들의 중요하고 큰 질문과 다 연결되어 있는 것들이었습니다. 좋은 질문들, 큰 질문들을 일상 속에서도 항상 생각해보시길 바랍니다. 오늘 정말 감사합니다. 직접 대면해서 만나 뵙고 이야기 나눌 수 있는 시간이 곧 있었으면 좋겠습니다.

▣ 김현수 :

2019년도에 써주신 글 중에, 필립 메리외가 했던 구절 인용하셔서 "내가 원하는 것이 무엇인가?" 이 질문으로부터 "내가 원하는 것이 바람직한가?" "내가 원하는 것이 세계에 부응하는가?"라는 질문으로 질문의 방향이 바뀌어야 한다고 하셨습니다. 학생들과 나누는 큰 질문의 방향을 바꾸는 데, 비에스타 교수님이 큰 역할을 했다고 생각합니다. 오늘 우리가 코로나 팬데믹 이후에 우리의 질문을 바꾸고 아이들을 만날 때 속도가 아니라 방향 감각을 잘 갖고 나아가자는 교수님의 메시지를 전합니다. 감사합니다.

에필로그

속도보다 중요한 방향,
우리 교육의 방향 감각을 위하여

강 다 윤 (광명 광일초 교사)

거트 비에스타는 교육이 코로나를 극복해 가며 학생들의 배움을 하나도 놓치지 않게 분투하던 시기에 만났던 교육 철학자입니다. 김현수 교수님이 거트 비에스타의 영어 논문을 번역하고 강독하는 연구모임을 모집한다고 하여 신청을 하고, 처음으로 들었던 강의가 김원석 선생님의 '거트 비에스타의 질문 : 무엇을 위한 교육인가'였습니다. 코로나 시기의 교육이 무엇을 위한 교육이 되어야 하는가에 대해 회의를 품고 있던 저의 질문과 겹쳐지는 영역이 많았습니다.

성과를 측정하고 수치화하는 다양한 도구들을 적용하는 교육, 교육 목표 달성을 위해 수업 활동을 방해할 만한 요소들을 배제하는 교육과정과 수업, 민주주의 또는 혁신이라고 규정한 사회에 맞는 인재를 기르기 위해 꽉 채워진 학교의 일정 등, 옳다고 믿고 따랐던 교육의 길에 물음을 던지는 비에스타의 교육론을 읽고 접하며, 2022년으로 넘어가는 겨울은 '수업'을 하는 교사로서가 아닌 '사유'를 하는 교사로서 저의 위치를 다시 정립하는 시기가 되었습니다.

거트 비에스타의 책과 논문들이 많은 교사들에게 소개되어 교육 현장에 희망과 용기를 주기를 기대해 봅니다.

구 본 희 (서울 관악중 교사)

교사로 살기가 쉽지 않은 사회다. 곳곳에서 터져 나오는 뉴스를 보면 이런 대접을 받으면서 교사를 계속해야 하나 싶은 생각도 든다. '그럼에도 불구하고' 꾸역꾸역 학교에 가고 수업 준비를 하며 학생들을 만나는 이유는 뭘까? 나에게는 공교육 교사로서 가질 수밖에 없는 책임감이 있다. 다양한 처지와 특성, 경제 형편과 사연을 지니고 교실에 앉아 있는 이 학생들이, 나를 만나 조금이라도 공동체를 좋게 만드는 사람으로 성장했으면 하는 바람. 이런 책임감이 언제나 나를 열의로 이끄는 것은 아니다. 실의에 빠지고 흔들릴 때 어떤 푯대가 존재하지 않으면 사회의 냉랭한 시선이나 변하지 않는 시스템이나 깜짝깜짝 놀래키는 학생들의 언행에 일희일비할 수밖에 없다. 내가 만난 푯대는 비에스타였다. 교육계 안팎으로 학생 주도성을 강조할 때, 자칫 '너희가 알아서 해라, 자기 계발을 위해 모든 것을 내던져라, 나만의 효율성을 추구하면 그게 다'로 끝나지 않도록, 교사로서 뭘 더 고민해야 하는지 알려준 것이 비에스타의 글이었다. 뭔가 느슨해지고, 답답할 때 다시 한번 열어보며 나를 담금질할 수 있는, 죽비 같은 글을 만나 참 다행이다.

구 소 희 (인천 삼산초 교사)

몇 해 전 같은 지역의 선생님들과 공동수업 연구를 몇 차례 한 적이 있다. 함께 수업을 디자인하고 준비하고 각자의 교실에서 상황에 맞게 적용했다. '함께 만들어가는 가치'라는 주제로 분명 같은 목표와 내용을 다루었지만 교사에 따라 지식을 강조하여 누가 더 질문에 잘 대답하는지를 보는, 전혀 다른 수업이 되기도 했다. 학교가 속한 지역사회와 학급의 구성원이 다른 것도 영향을 주었지만 교사가 학생을 어떤 존재로 바라보는지, 교육을 무엇으로 생각하는지, '교육을 통해 학생들에게 전달하고 싶은 가치가 무엇인지 등 어떤 철학과 방향성을 가졌는가'가 더 큰 영향을 미친 것으로 보였다.
'가르칠 수 있는 용기'에서 파커. J. 파머는 '좋은 가르침이란 진리의 공동체가 실천되는 공간을 창조하는 것이며 관계의 연결망 속에서 일체감을 획득할 때 실제감을 획득하게 된다'고 하였다. 동료들과 '무엇'을 '어떻게' 수업에서 다루어야 할지에 대해서는 이야기를 나누었지만, 우리가 만드는 수업, 우리가 하는 교육이 지향하는 시민상에 대해서는 깊이 있게 나누지 못해왔다는 생각이 들었다. 가야 할 목표가 모호한 상황 속에서 교과서 속의 지식을 잘 가르치는 것을 좋은 교육으로 착각해 왔던 것이라는 생각이 들었다.

'교육의 문제는 교육만의 문제가 아니다'라는 말이 있다. 교육에서 나타나는 현상들은 사회현상들과 밀접하게 관계가 있다. 그렇기에 가르치는 내용과 방식에 매몰되는 것이 아니라 우리 사회의 흐름과 모습, 우리 사회가 추구해야 할 가치 등에 대한 고민이 필요하다. '거트 비에스타와 한국 교사 6인의 대화'는 그래서 매우 의미가 깊다. 김현수 선생님이 '거트 비에스타의 교육철학을 함께 공부해보자'고 제안하신 덕분에 논문을 함께 읽고 김원석 선생님 등 전문적 지식이 있는 분들을 모셔 강의를 들으며 이해와 논의를 더해 갈 수 있었다.

이 책은 이러한 배움의 여정 동안 함께한 분들과 만든 결과물이다. 교육의 철학과 가치, 그리고 방향성을 고민하는 교사, 교육전문직, 교장 교감, 학부모, 일반 시민과 다음의 논의를 함께 이어갔으면 좋겠다.

김 진 혁 (전남 장동초 교사)

비에스타 공부를 하면서 김현수 교수님의 따뜻한 섬김의 리더십을 깊이 경험했습니다. 열심히 공부하시는 훌륭한 선생님들 사이에서 능력의 한계와 부족함을 직면하면서 어린아이처럼 부끄럽고 숨고 싶고, 도망가고 싶었습니다. 그런데도 불구하고 격려

해주시고 용기 주신 교수님, 감사합니다. 교수님 덕분에 여기까지 올 수 있었습니다. 감사합니다.

정 현 숙 (대구 대실초 교사)

교사 생활 28년차, 위기에 봉착했다. 해마다 열심히 다양한 연수를 이수하고 대학원도 가보고 각종 연구대회에 참여하며 수업 기술을 연마했다. 그런데 후배들에게 노하우를 전수해야 하는 이 시기에 가야 할 길의 방향을 잃어버린 느낌이었다. 나름 간절히 기도한 덕분일까? 좋은 스승을 만나고 새로운 동료들을 얻고 그리고 비에스타 입문 모임과 마주했다. 이런게 운명인가? '나의 열심보다 중요한 것은 내가 가는 방향이다'라는 말처럼 학생들을 마주하며 내가 잊지 말아야 하는 첫 번째는 교육의 본질인 것이다. 교육이란 무엇인지에 대한 깊은 성찰, 성숙한 어른으로서 막 세상에 발을 디디는 학생들에 대해 지녀야 할 애정이 비에스타 선생님의 글을 읽으며 다시금 생겨났다. 빅데이터로 대변되는 측정의 시대에 어떤 것이 좋은 교육인지 함께 책을 번역하여 서로의 생각을 나눈 시간들은 추억의 상장에 빛나는 사진으로 남았다.

저자 소개 및 약력

김 현 수 (성장학교 별, 명지병원 정신건강의학과)

정신과 전문의로 지내면서 치유형 대안학교 성장학교 별을 20여 년 이상 함께 해오고 있습니다. 학교 정신건강 분야에 깊은 관심을 가지고 있고, 『공부상처』, 『교사상처』, 『선생님 오늘도 무사히』, 『요즘 아이들 마음고생의 비밀』, 『코로나가 아이들에게 남긴 상처』들과 같은 책을 쓰고, 『트라우마 공감학교』를 번역했습니다. 관심단 선생님들과 『요즘 아이들 학급 집단 심리의 비밀』을 같이 쓰기도 했습니다.

김 원 석 (국회의원 강민정 의원실, 선임비서관)

교육사회학, 정치사회학을 공부하였고, 구체적으로는 민주주의와 교육이라는 키워드를 중심으로 우리 교육 현실과 사회를 바라보고 이해하려 노력하고 있습니다. 성공회대학과 서울교육정책연구소 등에서 연구와 강의를 하였고, 현재는 국회에서 교육 정책과 법이 만들어지는 것을 지켜보고, 지원하고 있습니다.

강 다 윤 (광명 광일초등학교)

초등학교에서 10여 년 근무하고 있습니다. 학급에서 낯선 행동을 하는 아이들과 좋은 관계를 맺고 성장을 돕는 일에 보람을 느끼고 있습니다. 아이들의 글을 모아 학급 문집을 만드는 일, 선생님들과 시와 책을 함께 읽으며 가르침을 성찰하는 일에 관심을 가지고 있습니다. 책과 세계가 만나는 그 중간, 바로 학교에서 아이들과 함께 탐험할 수 있어서 교사인 것이 좋습니다. 관계의 심리학을 연구하는 교사단에서 6년째 공부하고 있습니다.

구 본 희 (서울 관악중학교)

교직에 나온 지 20여 년, 10년째 관악중학교에서 국어를 가르치고 있습니다. 교육공동체 구성원 모두가 함께 성장하는 학교를 만드는 데 관심이 많습니다. 이를 위해 다른 교사들과 뭔가를 도모하는 일, 학생들에게 다양한 경험과 성찰을 선물하는 일에 보람을 느낍니다. 사람과 세상에 대한 호기심이 학생들에게도, 다른 교사들에게도 전해지기를, 더 나은 사회를 만들기 위해 교육이 일조하기를 바라며 오늘도 출근합니다.

구 소 희 (인천 삼산초등학교)

관계의 심리학을 연구하는 교사단으로 배움을 학생들과 실천하고 동료교사들과 나누며 함께 성장하는 것을 큰 보람으로 여기고 있습니다. 초등상담교육연구회, 학급긍정훈육법 등의 전문적 학습공동체를 함께 운영하였고, 관계중심 생활교육지원단, 민주시민교육 아카데미, 사회정서학습(SEL) 선도교사, 교육과정-수업-평가 통합지원단 등의 분야에서 활동하고 있습니다. 학생들과 함께 읽고, 쓰고, 성찰하며 자신과 세상을 알아가는 활동을 의미 있게 이어가고 있습니다. 동료들과 함께 만든 책으로는 『요즘 아이들 학급 집단 심리의 비밀』, 『민주주의자들의 교실: 실천편』 등이 있습니다.

김 진 혁 (전남 장동초등학교)

16년째 전남에서 근무하고 있는 초등교사입니다. 세상에 대한 호기심이 많고, 배우고 싶은 것을 발견하면 동서남북 가리지 않고 열심히 찾아가고 있습니다. 관심단뿐만 아니라, 좋은교사, 실천교육 교사모임, 전교조, TCF(한국기독교사회), 수업과 성장연구소, 광주 수업코칭연구회, 한국 아카펠라교육연구회 회원입니다.

정 현 숙 (대구 대실초등학교)

초등학교에서 30년째 근무하고 있습니다. 경북, 중국, 경기, 대구 등 다양한 곳에서 다양한 학생들을 만났습니다. 중국에 다녀온 후로 다문화학생들에 대한 관심이 높아져 대학원에서 다문화를 전공하였습니다. 교직생활의 1/3을 6학년을 지도할 만큼 6학년 학생들을 지도하는 것에 애정을 갖고 있고 진로교육과 다양한 문화, 다양한 배경을 가진 학생들이 함께 어우러져 공동체 안에서 함께 하나되는 것에 관심이 있습니다. 관계 심리학을 공부하는 교사단에서 3년째 공부하고 있습니다.

조 현 서 (서울 휘봉고등학교)

휘봉고등학교에서 아이들과 함께 지내시고, 관계의 심리학을 연구하는 교사단과 함께하고 계십니다. 비에스타 교수를 모시는 데 큰 공로를 세워주셨습니다.

Gert Biesta (아일랜드 메이누스 대학 교수)

아일랜드 메이누스 대학교 공공 교육 학과 교수이자, 영국 에든버러 대학교, 모레이 하우스의 교육학과 교수입니다. 2023년 1월부터는 네덜란드 정부와 의회의 교육 관련 자문 기구인 네덜란드 교육위원회(Onderwijsraad)의 위원으로 4년 임기를 시작하게 되었습니다.

제1회 2022 관심단 및 성장학교 별 국제 컨퍼런스

거트 비에스타 교수와
한국 교사 6인과의 대화

코로나 시대 이후의 '교사와 학생 관계'는 어떻게 달라질 것인가?
코로나 시대 이후의 '학교와 세계의 관계'는 어떻게 달라질 것인가?

2022년 2월 18일(금) 18:00~21:00

줌 강의 및 동시통역

거트 비에스타 교수

주최 관계의 심리학을 연구하는 교사단 / 성장학교 별
후원 사) 청소년과 가족의 좋은 친구들

1부 (오후 6시~7시)	개회사	김현수 교장 (성장학교 별)
	거트 비에스타 교육 동영상 상영	
	거트 비에스트 동영상 해설	김원석 선생님 (강민정 의원실 비서관-미정)
	축사	곽노현 (징검다리 교육공동체 이사장)
2부 (오후 7시~8시)	비에스타 교수 인사말	
	비에스타 교수와의 대화 첫 번째 세션	
	교사의 '주도성'을 어떻게 살릴 수 있는가?	구본희 (서울 관악중)
	교사들이 학생들을 성숙한 삶으로 안내하는 '용기'를 가질 수 있을까?	김진혁 (전남 장흥초)
	학생들은 어떻게 '주체'가 될 수 있는가?	정현숙 (안산 석호초)
3부 (오후 8시~9시)	비에스타 교수와의 대화 두 번째 세션	
	코로나 이후 세계와의 만남을 어떻게 준비할 것인가?	
	코로나 이후 중요한 '교육철학'은 무엇인가?	강다운 (광명 광일초)
	코로나 이후 '좋은 교육'은 어떻게 가능할까?	구소희 (인천 부내초)
	'학교는 학생들이 세계와 연결' 될 수 있도록 어떻게 도울 수 있는가?	조현서 (서울 휘봉중)
	청중과의 질의 토론 / Take Home Message	거트 비에스타 교수
	폐회사	김현수 교장 (성장학교 별)

등록 안내

● 신청 대상 및 방법   관심 있는 누구나. 하나은행 577-910013-68904구 5만원 입금 후 minuchin@naver.com으로 연락하시면 됩니다. 이메일로만 등록 가능합니다.
  입금 후 반드시 성함, 연락처를 메일로 꼭 부탁드립니다. 줌 주소는 보내주신 이메일로 보내드립니다.

● 사전등록 마감일   2022년 2월 14일(월)까지
  *온라인 세미나인 점 양해부탁드립니다.
  *환불은 동시 접수 마감일까지 100% 가능하나 그 이후는 연락부 전용 안에 부탁드립니다.

● 자료집은 추후 발행 예정이며 신청하시는 분에게 보내드리겠습니다. (유료 1만원)

학생을 깨우는 교사 세상을 바꾸는 학생
- 비에스타 교수와의 대화

초판 1쇄 발행 : 2023년 8월 10일

지은이 : 김현수, 김원석, 강다윤, 구본희, 구소희, 김진혁, 정현숙, 조현서, 거트 비에스타
펴낸이 : 김태완
펴낸곳 : 별빛책방
편집·제작 : 메이킹북스

별빛책방
주소 : 서울시 영등포구 당산동 선유54길 13 성연빌딩 1층
전화 : 02-876-9366

발행처 : 사단법인 별의친구들
출판신고 : 제 2023-000078호
ISBN : 979-11-972467-3-9 (03370)

* 별빛책방은 사단법인 별의친구들에서 함께 하는 출판 브랜드입니다.
* 책값은 뒤표지에 있습니다.
* 잘못된 책은 구입하신 곳에서 바꾸어드립니다.